você
Intraempreendedor

MONETIZE SUAS HABILIDADES,
CRIE VÁRIAS FONTES DE RENDA
E TENHA SUCESSO

você
Intraempreendedor

DORIE CLARK

ALTA BOOKS
EDITORA
Rio de Janeiro, 2018

VOCÊ Intraempreendedor: Monetize suas habilidades, crie várias fontes de renda e tenha sucesso

Impresso no Brasil — 1ª Edição, 2018 — Edição revisada conforme o Acordo Ortográfico da Língua Portuguesa de 2009.

Publique seu livro com a Alta Books. Para mais informações envie um e-mail para autoria@altabooks.com.br

Obra disponível para venda corporativa e/ou personalizada. Para mais informações, fale com projetos@altabooks.com.br

Produção Editorial Editora Alta Books **Gerência Editorial** Anderson Vieira	**Produtor Editorial** Thiê Alves **Assistente Editorial** Ian Verçosa	**Produtor Editorial (Design)** Aurélio Corrêa	**Marketing Editorial** Silas Amaro marketing@altabooks.com.br **Ouvidoria** ouvidoria@altabooks.com.br	**Vendas Atacado e Varejo** Daniele Fonseca Viviane Paiva comercial@altabooks.com.br
Equipe Editorial	Adriano Barros Aline Vieira Bianca Teodoro	Illysabelle Trajano Juliana de Oliveira Kelry Oliveira	Paulo Gomes Thales Silva Viviane Rodrigues	
Tradução Edite Siegert	**Copidesque** Cibelle Marques	**Revisão Gramatical** Carolina Gaio Thamiris Leiroza	**Revisão Técnica** Carlos Bacci Economista e empresário do setor de serviços	**Diagramação** Luisa Maria Gomes

Erratas e arquivos de apoio: No site da editora relatamos, com a devida correção, qualquer erro encontrado em nossos livros, bem como disponibilizamos arquivos de apoio se aplicáveis à obra em questão.

Acesse o site www.altabooks.com.br e procure pelo título do livro desejado para ter acesso às erratas, aos arquivos de apoio e/ou a outros conteúdos aplicáveis à obra.

Suporte Técnico: A obra é comercializada na forma em que está, sem direito a suporte técnico ou orientação pessoal/exclusiva ao leitor.

A editora não se responsabiliza pela manutenção, atualização e idioma dos sites referidos pelos autores nesta obra.

Dados Internacionais de Catalogação na Publicação (CIP) de acordo com ISBD

C592v Clark, Dorie

Você intraempreendedor: monetize suas habilidades, crie várias fontes de renda e tenha sucesso / Dorie Clark ; tradução de Edite Sierget. - Rio de Janeiro : Alta Books, 2018.
240 p. ; 16cm x 23cm.

Inclui índice.
ISBN: 978-85-508-0368-5

1. Administração. 2. Empreendedorismo. 3. Renda. 4. Sucesso. I. Sierget, Edite. II. Título.

2018-1012 CDD 658.421
CDU 65.016

Elaborado por Vagner Rodolfo da Silva - CRB-8/9410

ALTA BOOKS
E D I T O R A

Rua Viúva Cláudio, 291 — Bairro Industrial do Jacaré
CEP: 20.970-031 — Rio de Janeiro (RJ)
Tels.: (21) 3278-8069 / 3278-8419
www.altabooks.com.br — altabooks@altabooks.com.br
www.facebook.com/altabooks — www.instagram.com/altabooks

Para Ann Thomas e Gail Clark,
com amor e gratidão

AGRADECIMENTOS

Sou grata às muitas pessoas que tornaram *Você Intraempreendedor* possível, começando com os empresários talentosos que partilharam suas histórias nestas páginas e ajudaram a inspirar tantos outros a construírem as carreiras e as vidas que desejavam.

À minha agente, Carol Franco, que habilmente conduziu este livro, assim como o *Reinventing You* e o *Stand Out*, para o mundo. Fiquei também feliz por reencontrar a equipe do *Reinventing You* na HBR Press, incluindo meu editor Jeff Kehoe e Stephani Finks, que criou o conceito descolado para a capa da obra. Agradeço também às especialistas em publicidade Julie Devoll e Nina Nocciolino, à assistente editorial Kenzie Travers e ao editor de produção Dave Lievens.

Sue Williams trabalhou comigo por mais de quatro anos e seu talento e conhecimento digital me ajudaram imensamente em minha busca para estar em sintonia com as necessidades de meus leitores e colegas na miríade de canais de que dispomos hoje em dia.

Agradeço aos meus leitores maravilhosos, que me deram a oportunidade de compartilhar meus pensamentos e me enriqueceram por meio de nosso diálogo. Eu gostaria de dar um alô especial aos alunos de meu curso Recognized Expert, que conquistaram tanto e me deixam orgulhosa todos os dias, enquanto trabalham para difundir as próprias ideias inovadoras.

Para se juntar aos mais de 50 mil leitores com quem entro em contato regularmente, você pode fazer o download do conteúdo da *Autoavaliação* de *Você Intraempreendedor* no site da editora Alta Books [www.altabooks.com.br — procure pelo nome do livro ou ISBN] ou em dorieclark.com [conteúdo em inglês].

Também sou grata às muitas instituições que me convidaram a escrever, palestrar, ensinar e partilhar ideias, da *Harvard Business Review* à Faculdade de Administração Fuqua da Duke University, dentre muitas outras.

O alicerce para realizar algo, especialmente um projeto intenso de longo prazo como escrever um livro, reside no amor e apoio das pessoas em sua vida. Sinto-me feliz todos os dias por ter uma mãe como Gail Clark, cujo incentivo não conhece limites. Também sou grata à Ann Thomas, que ajudou a me criar com amor e carinho, e à Shoshana Lief, que, em meio ao processo de criação deste livro, ajudou-me a relembrar de como era aproveitar a vida.

Gosto de fazer parte de uma comunidade de amigos tão talentosa, incluindo, entre outros, Jenny Blake, Joel Gagne, Alisa Cohn, Jessica Lipps, Rich Tafel, Jason e Melanie Van Orden, Marie Incontrera, Petra Kolber, Susan RoAne, John Corcoran, Jordan Harbinger e Jen Liao, Judah Pollack, Ben Michaelis, Kabir Sehgal, Jessi Hempel, Kaja Perina, Stephen Morrison, Ron Carucci, Shama Hyder, Micheal e Amy Port, e muitos mais. Também nunca me esquecerei de Patty Adelsberger.

Nenhuma seção de agradecimentos estaria completa sem falar sobre gatos, nossos grandes colaboradores e interlocutores. Na época em que terminei o primeiro rascunho de *Você Intraempreendedor*, adotei dois gatinhos abandonados, Heath e Phillip. Eles trouxeram uma alegria imensurável à minha vida, principalmente depois da perda do meu amado Gideon e da minha filha-gata, Harriet. Adotar um animal sem dono é uma das melhores coisas que o ser humano pode fazer, e o amor deles nos ensina como nos tornarmos uma pessoa melhor. Visite o abrigo de animais de sua cidade para encontrar seu companheiro felino ou canino hoje.

SOBRE A AUTORA

Dorie Clark é a autora de *Reinventing You* e *Stand Out*, considerado o principal livro sobre liderança pela revista *Inc.* em 2015, um dos dez mais entre os Livros de Negócios do Ano pela *Forbes* e considerado um best-seller pelo *Washington Post*. Antes porta-voz de uma campanha presidencial, ela leciona na Faculdade de Administração Fuqua da Duke University. É colaboradora assídua da *Harvard Business Review*, consultora e palestrante de clientes como a Google, a Fundação Bill e Melinda Gates e do Banco Mundial. Dorie também produziu um álbum de jazz ganhador de vários Grammys. Você pode fazer o download do conteúdo da *Autoavaliação* de *Você Intraempreendedor* no site da editora Alta Books [www.altabooks.com.br — procure pelo nome do livro ou ISBN] ou em dorieclark.com [conteúdo em inglês].

SUMÁRIO

PRÓLOGO

Por que Escrevi Este Livro

O grande segredo da economia empreendedora atualmente é: ser excelente e até bem conhecido e respeitado em seu ramo simplesmente não é suficiente.

A internet e nossa economia globalizada nos deram a possibilidade de atingir milhões de pessoas, trabalhar em nossos próprios termos e usufruir de um de potencial de renda ilimitado. Porém, para muitos profissionais, essa simplesmente não tem sido a realidade. Em vez disso, vivemos em um mundo em que o "sucesso" tem sido cada vez mais dissociado da renda. Ao longo de minhas viagens, encontrei muitos profissionais de alto nível, excelentes no que fazem, mas que lutam para ganhar o que valem. Você pode ser talentoso e conceituado, mas a menos que calcule muito bem as decisões que toma pode acabar ganhando pouco por seus esforços.

O que saiu errado? Como podemos reverter essa tendência negativa e aproveitar o potencial poderosíssimo do empreendedorismo?

Para responder a essas perguntas, entrevistei mais de 50 empresários com ganhos de seis, sete e oito dígitos com negócios individuais ou pequenas empresas. Este livro revela os segredos que descobri — conselhos práticos e concretos sobre como monetizar seu conhecimento e construir um negócio sustentável e próspero na nova economia.

Quer você seja um empresário, um aspirante a empresário ou um profissional colaborador procurando maximizar suas opções, você encontrará nestas páginas estratégias comprovadas que o ajudarão a desenvolver novas fontes de renda para impulsionar o trabalho que já realiza, dando lugar a novas oportunidades com mais liberdade e flexibilidade.

Comecei a trilhar em 2006 o caminho que me levou a escrever este livro, quando abri minha empresa de consultoria estratégica de marketing, depois de trabalhar como jornalista, porta-voz de campanha presidencial e diretora executiva de uma empresa sem fins lucrativos.

No início, fiquei muito feliz em trabalhar por conta própria, em casa. Até então, meu único foco era ganhar dinheiro e pagar as contas; eu aceitava clientes de quase qualquer tamanho para projetos de quase qualquer área de aplicação. Redigi um discurso para o presidente de uma empresa sem fins lucrativos por US$500, o plano de comunicação para uma agência governamental por US$1.000 e inúmeras vezes tive que atravessar o país para ministrar treinamentos no fim de semana por US$600 mais a passagem de avião (meu cliente era tão pão-duro que tive que fazer duas conexões na viagem). Não foi nada agradável.

Passei os primeiros anos do meu negócio correndo feito louca, trabalhando até tarde, fazendo contatos pessoalmente em busca de contratos novos e atendendo a clientes diretamente em suas empresas. Enquanto eu tentava transformar meu negócio em um empreendimento mais sustentável, acabei por dispensar os projetos de US$100 e, em alguns anos, minha renda vigorosa alcançava seis dígitos.

Contudo, na maioria dos dias, eu ainda ficava presa em reuniões com clientes ou dirigindo horas para chegar até eles. Eu me vi na armadilha comum dos empresários bem-sucedidos: você cria uma empresa tão robusta que não tem tempo para fazer nada além de atender a seus clientes atuais.

Eu sabia que, se mantivesse esse ritmo, minha empresa continuaria a crescer ao longo dos anos e eu atingiria uma boa qualidade de vida. Em tempo, de uma "jovem consultora talentosa em ascensão" passei a ser considerada a consultora mais procurada no meu ramo, e até consegui conquistar alguns clientes de grande porte.

Porém, eu queria mais que isso.

Estava frustrada por não poder viajar a lazer tanto quanto queria, porque estava presa às reuniões com clientes e à expectativa (que ajudei a cultivar) de que eu sempre estaria disponível. Mesmo trabalhando por conta própria, não me sentia totalmente livre.

Eu queria conquistar dois objetivos: passar a trabalhar para empresas mais importantes com orçamentos maiores e me libertar da pressão diária constante das responsabilidades com os clientes, desenvolvendo um modelo de negócios mais independente em termos de localização.

Não seria simples chegar lá. É fácil dar os primeiros saltos quando a distância é curta. Porém, tinha que arriscar. Até o momento, meu negócio tinha sido uma consultoria de marketing tradicional para empresas locais com as quais eu tinha algum tipo de conexão pessoal, direta ou através de indicação.

Eu sabia que seria muito difícil ir além disso — saltar para uma nova categoria de clientes de elite — e percorrer gradualmente o caminho existente. Precisava fazer algo diferente para chamar atenção positiva das pessoas que ainda não conhecia, reinventar-me e mudar meu posicionamento no mercado.

Com o intuito de aprender a fazer isso, entrevistei dezenas de profissionais que tiveram êxito ao mudar de emprego ou carreira, e também para saber como eles eram vistos pelos outros. Em 2013 esse trabalho levou à publicação de meu primeiro livro, *Reinventing You*, que compartilha as melhores práticas para a criação de marcas pessoais e reinvenção profissional, e responde à pergunta: *Como fazer grandes mudanças e promover-se para a carreira que deseja?* O livro é, essencialmente, um guia para ajudar os profissionais a fazer a transição que procuram.

No entanto, uma vez que você entra na área pretendida, percebi que há outro problema a se resolver: *Como chegar até o topo e garantir que os outros reconheçam seus conhecimentos especializados?*

Essa foi a pergunta a que tentei responder em *Stand Out*, meu segundo livro. Entrevistei os melhores especialistas do mundo, incluindo celebridades dos negócios como Seth Godin, David Allen, Robert Cialdini, Tom Peters e outras, para entender como desenvolveram ideias inovadoras e conquistaram um grupo de seguidores. Nesse livro, apresentei um plano de como os profissionais comuns podem seguir os mesmos princípios para garantir que seus talentos sejam reconhecidos.

Contudo, logo aprendi que se tornar um especialista hoje em dia nem sempre leva ao dinheiro. O fantasma que ronda o empreendedorismo moderno, a respeito do qual ninguém fala, é que até mesmo as pessoas que parecem estar em uma situação privilegiada nos negócios nem sempre lucram com o sucesso. Aprender a fazer dinheiro com seus conhecimentos faz parte de *um conjunto de habilidades diferentes*, o qual é necessário para se tornar excepcional em seu trabalho ou renomado em sua área (dois fatores de suma importância que abordo detalhadamente em *Reinventing You* e *Stand Out*, mas que, por si só, não são suficientes para ganhos elevados).

Foi por isso que idealizei esses três livros como uma trilogia, sendo *Você Intraempreendedor* a conclusão lógica e essencial. *Você Intraempreendedor* procura tratar do que acredito ser a questão mais importante de todas: *Como criar um negócio sustentável de longo prazo que o recompense emocional, intelectual e financeiramente?*

Quero ver mais pessoas talentosas mostrarem suas ideias ao mundo, mas isso só será possível se elas puderem se estabelecer em carreiras duradouras e bem-sucedidas. Através deste livro, partilho ideias, estratégias e práticas recomendadas para a monetização que, segundo espero, aumentam a probabilidade de todos serem bem-sucedidos.

Tento praticar o que prego. Aprendi muito com os empresários e com o perfil dos "garimpadores de renda extra" descritos neste livro. O ano que passei escrevendo *Você Intraempreendedor* foi o mais lucrativo até o momento, resultado direto da implementação das técnicas que apresento nesta obra. Minha renda aumentou mais de US$200.000 nesse ano e continuo a experimentar estratégias e novos canais. Deve-se considerar o empreendedorismo de sucesso como um projeto em desenvolvimento contínuo, não acabado.

As mudanças que fiz me permitiram criar o negócio que quero hoje, em Nova York, onde moro (mas eu poderia morar em qualquer lugar se quisesse), e viajar com frequência para lugares interessantes a trabalho (escrevi o primeiro rascunho deste prólogo em um voo para Aspen e o rascunho final em um voo de volta para Amsterdã).

Meu modelo de negócios atual — alimentado por sete fontes de renda distintas — não ocorreu por acaso. Foi uma série de escolhas conscientes e criteriosas. Espero que, ao dividir o que aprendi com os empresários excepcionalmente bem-sucedidos descritos neste livro e recontar um pouco da minha jornada ao longo do caminho, você possa fazer as próprias escolhas fundamentadas sobre como gostaria que seu modelo de negócios — e sua vida — fossem e o projetar de acordo. Vamos começar.

PARTE UM

Construa Sua Marca

CAPÍTULO 1

A Oportunidade Empresarial

Eu tinha conseguido. Estava voando de volta da Ásia em uma poltrona da classe executiva, as pernas estendidas, bebericando um drinque de cortesia. Havia acabado de ganhar US$35.000 por duas semanas de aula em uma universidade no exterior. Foi um curso intensivo — seis horas diante da classe todos os dias enquanto eu tentava me recuperar de um forte resfriado. Mas a quantia que ganhei naquelas duas semanas praticamente se igualava a todo *meu salário de um ano*, antes de eu começar meu próprio negócio como consultora de marketing estratégico, em 2006.

Na década anterior, descobri que o empreendedorismo era algo que combinava comigo. Depois de um ano da abertura da empresa, eu me sentia realizada e ganhava seis dígitos prestando consultoria para clientes significativos como Google, Yale University e US National Park Service. Desde aquela época minha empresa vem crescendo lenta e progressivamente — minha concepção de uma vida boa.

Porém, logo depois que desembarquei desse voo da Ásia recebi um e-mail que me fez questionar se realmente estava me dando tão bem, afinal de contas. Era do meu amigo John Corcoran, um advogado e blogueiro da região metropolitana de São Francisco que nos últimos anos tinha entrado de cabeça no marketing online. Algumas vezes por semana, mandava artigos valiosos para seus contatos de e-mail, que eu sempre gostava de receber.

Naquele mês, no entanto, ele também promoveu dois cursos digitais criados por alguns líderes renomados no mundo do marketing online. Corcoran tinha se inscrito como "afiliado", e quando seus leitores realizavam uma compra ele ganhava uma comissão. O marketing de afiliados é uma atividade mutuamente vantajosa que gera clientes novos e recompensa as pessoas que o fazem sem nenhum custo para o cliente. Eu tinha lhe enviado um e-mail antes do voo para saber como estava indo sua divulgação.

"Acabei convencendo 32 compradores", escreveu ele. "Isso corresponde a um rendimento de cerca de US$28.000 por cinco ou seis e-mails, um post no blog e um vídeo durante o mês. Se eu acrescentar os ganhos relacionados aos outros blogs e podcasts, provavelmente ganhei cerca de US$33.000 a US$34.000, respectivamente, isso só com meu blog no mês passado."

Fiquei de queixo caído. Ele completou: "Não trabalhei horas a mais no mês passado do que no anterior."

Sempre pensei no marketing online como algo um tanto fraudulento — o mundo dos príncipes nigerianos e e-mails de spam vendendo Viagra a preços promocionais. "GANHE DINHEIRO ONLINE!" gritavam as mensagens — e eu as deletava. E as desconsiderava totalmente.

Mas Corcoran me fez perceber que eu tinha ignorado algo muito importante. O marketing online feito corretamente não precisa envolver manipulação ou grosseria. E poderia proporcionar algo poderoso que me faltava: uma forma de aumentar e diversificar minha receita e minimizar o risco para meu fluxo de renda. Sim, eu já trabalhava com vários clientes realizando diversos tipos de trabalho — consultoria, palestras, treinamento de executivos e aulas em faculdades de administração. Mas percebi que ainda não tinha me diversificado o *bastante*.

A maioria dos empresários se concentra demais em obter renda de uma ou duas atividades (como consultoria e palestras) e negligencia outras oportunidades que podem ajudá-los a poupar tempo e dinheiro. A diversificação permite que você ao mesmo tempo ganhe mais e reduza os riscos.

E mais: a oportunidade não existe somente para empresários. Mesmo que você trabalhe em tempo integral para uma organização e não tenha intenção de fazê-lo por conta própria, o desenvolvimento de atividades empresariais como trabalho secundário proporciona uma fonte de renda extra, além de oportunidades repentinas de desenvolvimento profissional.

Lenny Achan começou sua carreira como enfermeiro e trabalhou até alcançar o posto de administrador do Hospital Monte Sinai, na cidade de Nova York. Mas a carreira dele realmente decolou quando seus supervisores descobriram que ele tinha desenvolvido um aplicativo nas horas vagas. Achan ficou preocupado quando foi chamado à sala do chefe: *Teria ele infringido alguma política que desconhecia? Será que desconfiavam que ele trabalhava por conta própria no horário de trabalho?* Na verdade, o chefe admirou sua iniciativa e o promoveu para administrar as mídias sociais — e, por fim, todas as comunicações — do hospital.

Da mesma forma, Bozi Dar — que nasceu na Sérvia e agora vive nos Estados Unidos — tem uma carreira tradicionalmente bem-sucedida como executivo sênior de marketing de uma empresa de ciências biológicas que saiu na *Fortune* 500.[1] Porém, ele ficou fascinado com as possibilidades do empreendedorismo, e em 2013 também tentou criar um aplicativo, que acabou lhe custando US$45.000 em honorários de desenvolvimento. Ele nunca obteve lucro, mas aprendeu lições valiosas no processo de marketing, vendas e estratégias comerciais. No ano seguinte, tentou uma abordagem diferente: um curso online de como ser promovido na empresa.

O curso de Bozi Dar fez mais sucesso que seu aplicativo, rendendo-lhe US$25.000 só no primeiro ano. Todavia, ele passou a ter um rendimento bem maior com seu emprego diurno, para o qual afirma que sua habilidade em criar uma bagagem de conhecimentos em "tecnologia e digital são altamente desejáveis. Isso possibilitou que eu me reinventasse totalmente". Ele se considera um "intraemprendedor", que inova dentro da empresa, e acha que continuar a gerenciar um grande ambiente corporativo, com suas equipes e recursos orçamentários, permite-lhe lidar com "ideias muito importantes nas quais seria incrivelmente difícil trabalhar como empreendedor". (Você pode ler e saber mais a respeito das histórias e dicas de Bozi Dar para identificar suas áreas de conhecimento no quadro "Avaliando Suas Áreas de Conhecimento Especializado", no final do Capítulo 2.)

Quer trabalhemos para nós mesmos ou para terceiros, todos precisamos encontrar meios de diversificar nossas fontes de renda. Isso nos protege das incertezas e potencializa nossa influência e nossos ganhos.

Em meus livros anteriores, *Reinventing You* e *Stand Out*, concentrei-me em desenvolver sua marca pessoal e assegurar que seu know-how seja reconhecido pelo mercado. Agora, em *Você Intraempreendedor*, farei o que outros livros recentes sobre desenvolvimento profissional não fazem: mostrarei como *ganhar dinheiro* no cenário econômico inquietante no qual nos vemos atualmente e criar múltiplas e sustentáveis fontes de renda.

Muitos empresários descritos neste livro trabalham nas áreas de marketing, liderança e comunicações. Esse é um mundo que conheço muito bem e que acredito estar na vanguarda quando se trata de reinventar as trajetórias profissionais e escolher estratégias novas para ganhar dinheiro. No entanto, há também vários estudos de caso apresentando empresários talentosos nas áreas de alimentação, moda, finanças pessoais e outras. Qualquer que seja seu ramo, os princípios básicos que compartilho são amplamente aplicáveis; meu objetivo é que você veja a si mesmo e encontre possibilidades novas nas histórias, seja lá qual for sua área ou profissão atual. Por favor, observe que, a menos que especificado ao contrário, todas as citações no livro vêm de entrevistas pessoais que realizei.

Além disso, muitos estudos de caso, principalmente mais adiante no livro, concentram-se em marketing online. Isso é intencional. Nem todos precisam se tornar empresários online, e os primeiros capítulos deste livro ressaltam atividades com características similares, como consultoria, coaching [atividade de formação pessoal] e palestras profissionais.

Entretanto, em grande parte de *Você Intraempreendedor*, você encontrará uma boa dose de informações a respeito dos recursos digitais — de podcasts e blogs a comunidades online. Isso ocorre porque esses caminhos de monetização são mais novos e, portanto, muitas vezes ainda não são explorados ou dominados por profissionais talentosos. Mesmo que você não planeje mergulhar no mundo online, vale a pena conhecê-los para que tenha mais opções no futuro.

Quer você seja um empresário dedicado, um freelancer de meio período ou de período integral, ou desenvolva uma atividade secundária, à parte de seu emprego corporativo (e, possivelmente, planeje a transição para deixar esse emprego), espero que estas páginas viabilizem um modelo para monetizar sua especialidade, online ou não.

Trata-se de aprender a aumentar o potencial de ganhos de uma "carreira de portfólio" [ou seja, composta de várias atividades].

Por que Precisamos de Carreiras de Portfólio

O senso comum nos diz que devemos diversificar nossos portfólios de investimentos porque é tolice apostar todo nosso dinheiro em uma ação só. Por outro lado, não somos nada cuidadosos em outras situações, pois muitos de nós dependem de apenas um empregador para nosso sustento, como já foi meu caso.

Cerca de 15 anos antes daquele voo transformador de volta da Ásia, eu tinha acabado de me formar e trabalhava como repórter política em um jornal semanal. No final da tarde de uma segunda-feira, o diretor de recursos humanos me chamou em seu escritório; imaginei que eles talvez quisessem mudar nosso plano de assistência odontológica. Em vez disso, fui despedida — uma das primeiras vítimas da derrocada da indústria jornalística. O RH me deu uma caixa para colocar meus pertences e uma semana de indenização pela demissão. Eu não tinha ideia de como ia me sustentar. E precisava agir depressa.

Na manhã seguinte, 11 de setembro de 2001, acordei e liguei a televisão. O dia em que eu precisava começar a procurar emprego foi o dia em que os Estados Unidos mudaram para sempre. Aviões pararam de voar, a Bolsa de Valores parou de negociar e absolutamente ninguém queria contratar uma repórter desempregada.

Foi então que comecei a compreender a natureza precária de se depender de uma única fonte de renda; em questão de instantes, você ficava sem nada. Durante meses, tentei conseguir outro emprego na área jornalística, mas ninguém contratava. Recorri ao trabalho freelancer; em uma semana boa, conseguia ganhar US$800, mas geralmente ganhava apenas metade dessa quantia. Finalmente, consegui um emprego de período integral como porta-voz de uma campanha a governador; ganhava o que parecia um salário principesco de US$3.000 por mês, até perdermos as primárias. Trabalhei como freelancer por mais seis meses até ser contratada como porta-voz de uma campanha presidencial, que também perdemos.

Compreendi que nenhum emprego é seguro. No entanto, trabalhar sem um salário "garantido" ainda me assustava; eu via mais riscos que oportunidades. Até então, minhas opções já tinham se esgotado, de modo que me dispus a fazer parte da vanguarda de empresários que desenvolviam uma carreira de portfólio — reuni trabalhos de freelancer e, por fim, iniciei meu próprio negócio com várias fontes de renda.

Hoje, depois de mais de uma década como empresária, mudei de opinião. Acredito que é muito mais arriscado *não* se diversificar; se você depende do salário de apenas um empregador, você corre riscos. O velho modelo, que a maioria das pessoas cresceu ouvindo — "trabalhe arduamente e consiga um bom emprego, que você será recompensado" —, mudou. Trabalhar duro ainda é imprescindível; mas, hoje, o trabalho passou a fazer parte de uma economia empresarial ainda mais independente, do tipo "trabalhe de onde estiver". O próprio conceito do que é uma carreira mudou.

Por quê? Porque a tecnologia e a economia global, dentre outros fatores, desencadearam mudanças monumentais no mundo do trabalho que continuarão a se multiplicar no futuro. Quando comecei meu primeiro emprego em um jornal semanal de Boston, imaginava que seria jornalista pelo resto da vida. Em 2000, os jornais ainda eram extremamente lucrativos; nadavam nas receitas oriundas da publicidade. O mundo online era uma preocupação tão insignificante que a redação se virava com apenas um computador conectado à internet. Entrei no ramo no exato momento em que ele começou a colapsar inexoravelmente, porém não percebi isso na época. Quando se trata de identificar o ponto de ruptura das tendências futuras, duvido que alguém consiga.

Nos últimos anos, a crise induzida pela tecnologia esmagou várias marcas outrora sólidas, de Circuit City e Blockbuster a Borders. Ademais, hoje há muito menos empregos à disposição. De 1948 a 2000, os empregos cresceram 1,7 vezes mais depressa do que a população.[2] Porém, de 2000 a 2014, a população cresceu 2,4 vezes mais depressa que os empregos. Hoje, a proporção da força de trabalho norte-americana é a menor em mais de 40 anos.[3] Agora, a competição por empregos é global, e é mais difícil encontrar postos de trabalho.

Passou também a ser regra colaboradores permanecerem pouco tempo nas empresas e a alta rotatividade de mão de obra. Um estudo do Gabinete de Estatísticas do Trabalho dos EUA, que acompanhou 10 mil indivíduos ao longo de mais de 35 anos, mostra que as pessoas passavam por uma média de 11 empregos — um número que cresce entre os assalariados mais jovens.[4]

Ao mesmo tempo, outra tendência surgiu entre os trabalhadores norte-americanos: o desejo de obter satisfação profissional. Um total de 51% dos trabalhadores norte-americanos descrevem-se como "não engajados" no trabalho, e 17,5% afirmam que são “ativamente desengajados”.[5] Está claro que eles buscam mais em termos financeiros — segundo algumas estimativas, os salários estão estagnados desde os anos 1970 — e, quanto à realização pessoal, ela inclui a qualidade de vida que muitos acreditam que o trabalho independente proporciona.[6]

Em uma pesquisa junto a pessoas que trabalham por conta própria, a maioria citou a flexibilidade como o principal benefício de sua escolha, e 50% disseram que não voltariam a trabalhar em um emprego tradicional, não importa o quanto pagasse.[7] À vista disso, não é surpresa que 34% dos trabalhadores norte-americanos atualmente sejam freelancers, e um estudo da Intuit afirma que até 2020 esse número deverá subir para 40%.[8]

Está claro que, se ainda não somos empresários, todos precisaremos começar a pensar desse jeito. Mesmo que você esteja absolutamente satisfeito com seu emprego agora, pense no empreendedorismo como uma apólice de seguro para sua carreira, como Bozi Dar fez. Talvez você queira iniciar um blog sobre culinária nas horas vagas ou oferecer, paralelamente, treinamento pessoal ou profissional para amigos e conhecidos. Talvez você goste de participar de pequenos shows ou organizar conferências ou eventos para pessoas que compartilham ideias afins. Qualquer que seja a forma escolhida, idealizar essas “fontes secundárias” de renda permite que você controle mais sua carreira, finanças e sua vida.

Hoje, meus rendimentos vêm de sete fontes diversas: escrever livros, ministrar palestras, lecionar aulas em faculdades de administração, prestar consultoria, oferecer coaching para executivos, ministrar cursos online e — desde aquele momento revelador que tive com meu amigo John Corcoran — aderi à renda afiliada por intermédio da minha lista de e-mails. Se algum desses caminhos não der certo, tenho diversificação o bastante para não me preocupar. Isso está a anos-luz da minha situação aos 22 anos, quando acordei no dia seguinte à minha demissão perguntando-me como pagaria as contas.

Não sou a única a defender a importância de múltiplas fontes de renda. Alexandra Levit, autora de seis livros, incluindo o *They Don't Teach Corporate in College* [“O Corporativismo Não É Ensinado na Escola”, em tradução livre], contou-me em uma entrevista: “Sou a favor da diversificação em todas as áreas da minha vida. Vi muitas situações em que as coisas tinham tudo para dar certo e não deram em nada, e isso pode ser muito assustador. Assim, tento reduzir os riscos sempre que posso.

Reconsidero as minhas contas e, se uma coisa não der certo, tenho outras três que provavelmente darão. Se alguma coisa for por água abaixo — e vi isso acontecer dezenas de vezes, projetos que fracassaram totalmente —, ainda ficarei bem."

Jenny Blake, estrategista de carreiras e negócios, autora de *Pivot: The Only Move That Matters Is Your Next One*, encara suas fontes de renda como algo que atende a vários propósitos. No início de sua carreira, ela dependia de um único coaching individual que lhe proporcionava uma renda regular — o que ela chamava de sua "renda ponte" — enquanto construía seu negócio de palestras profissionais. Ministrar palestras era sua verdadeira paixão, todavia os convites eram imprevisíveis e esporádicos, de modo que seria arriscado depender exclusivamente delas. Mas, quando conciliadas com o coaching, "as duas atividades se compensavam", conta ela, e geravam um fluxo de renda mais estável.

Não digo que usufruir da liberdade e da independência que acompanham o desenvolvimento de uma carreira de portfólio significa desistir de seus rendimentos. Como Levit, Blake e inúmeros outros demonstram, desenvolver uma carreira de portfólio lhe permite aumentar extraordinariamente seus ganhos. Este livro irá lhe mostrar como.

Você Não Precisa Trocar Liberdade por Renda

Parece justiça poética: a mesma tecnologia da internet que provocou tantos deslocamentos na força de trabalho (a dizimação dos jornais, para citar apenas um) também nos oferece mais oportunidades do que nunca que atendem às nossas aspirações como empresários. Hoje, você pode dimensionar seus esforços, habilidades e conhecimentos de maneiras sem precedentes que lhe permitem escolher como você quer viver sua vida.

Se quiser viver na praia, hoje você pode trabalhar de um modo totalmente independente do local. Caso queira desenvolver uma plataforma poderosa e ser reconhecido internacionalmente, a tecnologia faz com que essa meta seja mais possível do que nunca de se alcançar. Se quiser passar mais tempo com seus filhos, muitos empresários bem-sucedidos aproveitam a internet para fazer exatamente isso. E, o melhor de tudo, fazer essas coisas não significa necessariamente desistir da renda atual em prol de conquistar a independência de uma vida empresarial.

Atualmente, porém, precisamos de mais do que a mágica da tecnologia para vivenciar todo o potencial do empreendedorismo. Precisamos pensar criativamente sobre diferentes formas de transformar nossas ideias em dinheiro ou, conforme observou o teórico da internet, David "Doc" Searls, passar de ganhar dinheiro *com* algo (como quando eu era paga como jornalista para escrever artigos) para começar a ganhar dinheiro *por causa de* algo (quando comecei a escrever artigos a fim de captar trabalhos como palestrante — no final, por um pagamento muito melhor do que eu recebia como jornalista).[9]

John Lee Dumas, um veterano do exército norte-americano que serviu no Iraque, demonstrou esse tipo de pensamento criativo quando começou seu negócio. Após deixar o exército, Dumas não tinha tido muita sorte com empregos tradicionais. Ele tentou trabalhar com finanças corporativas, depois em uma startup na área de tecnologia e, finalmente, no ramo imobiliário. Nada deu certo. Contudo, nesse ínterim, ele gostava tanto de ouvir podcasts que decidiu criar o seu. Ele o chamou de *Entrepreneur on Fire* ["Empresários a Todo Vapor", em tradução livre], e mudou radicalmente a fórmula habitual. A maioria dos podcasts era transmitida semanalmente ou, às vezes, até com menos frequência. Porém, Dumas se perguntou o que aconteceria se pudesse criar algo proveitoso para os ouvintes todos os dias.

Empregando uma equipe pequena de assistentes virtuais que ajudavam com a produção, Dumas passava um dia por semana gravando sete entrevistas consecutivas, criando o material semanal. A frequência dos podcasts ganhou força e influenciou o número de downloads, o que, por sua vez, despertou o interesse dos anunciantes e aumentou o rendimento. Apenas um ano depois, ele venceu o prêmio "Best of iTunes", consolidando ainda mais sua reputação.

E tem mais, todos os meses ele disponibiliza um relatório público que rastreia quanto e de onde vêm as receitas dele. Por meio de uma combinação de fontes, incluindo publicidade, cursos online e a afiliação na comunidade online que fundou, o Podcasters' Paradise, ele tem uma renda mensal que deixaria a maioria dos profissionais satisfeitos, caso ganhassem um salário anual parecido. Desde dezembro de 2013, ele ganha um valor bruto de pelo menos seis dígitos por mês, às vezes chegando à quantia de US$600.000 em um período de 30 dias.

Poderíamos considerar Dumas como um ponto fora da curva. Todavia, quando comecei a pesquisar o fenômeno de empresários online com localização independente, percebi que ele não é o único. Bjork e Lindsay Ostrom, um casal de Minnesota que começou um blog culinário, *Pinch of Yum*, ganham regularmente mais de US$50.000 por mês com publicidade, posts patrocinados, vendas de e-books etc.

Devo esclarecer que nada disso vem com facilidade. Passei mais de uma década construindo meu negócio; aconteceu praticamente o mesmo com a maioria dos empresários descritos neste livro. O que acaba com a reputação do marketing é a picaretagem do "fique rico", que promete resultados imediatos.

Em vez disso, a fim de diversificar e maximizar seus rendimentos, primeiro pense em como oferecer um bom negócio para os outros. Em seguida, escolha algumas fontes diferentes de renda em que se concentrar. Certamente você não precisa pôr todas as estratégias em prática; isso só iria empurrá-lo em várias direções diferentes. Entretanto, desenvolver ao menos alguns métodos criativos faz a diferença entre sobreviver e prosperar em seu negócio. O mais importante são o foco e a execução.

Ganhar Dinheiro na Era da Internet: Um Roteiro a Seguir

Quando se trata de construir um negócio bem-sucedido, há muita ilusão por aí — empresários que estufam o peito e contam apenas as histórias de sucesso. Mas quando investiguei a fundo como expandir e diversificar meus negócios, eu queria a verdade nua e crua.

Resolvi usar meus dotes jornalísticos para averiguar os bastidores dessa nova safra de profissionais independentes para descobrir o que realmente funciona e como todos podemos empregar estratégias vencedoras em nossas vidas. Ao longo do caminho, também partilho minhas experiências de criar um negócio múltiplo de consultoria, palestras e educação de seis dígitos a partir do zero, e como monetizar o potencial da internet. Vamos trilhar os pontos principais, desde o primeiro e glorioso cheque de US$365 que recebi em comissões (por enviar um e-mail!) até o fracasso decepcionante de meu primeiro curso online e minha redenção posterior, quando aprendi os truques do ofício.

Ao longo do livro, aprenderemos juntos o que funciona ou não, e como promover um modelo de negócios próspero e diversificado de maneiras inteligentes, éticas e eficientes. Na verdade, o que faz com que a monetização seja sustentável é a criação de uma base sólida, ao longo do tempo, por meio de três etapas: criar sua marca, monetizar seu conhecimento e ampliar seu alcance e influência online.

Com este capítulo inicial, começamos a Parte Um do livro, "Construa Sua Marca". O Capítulo 2 continua o assunto, aprofundando-se no *porquê e como* construí-la — um roteiro para o desenvolvimento de uma reputação confiável de modo que, mesmo em um mercado competitivo, as pessoas o escolham. Depois de reunir algumas referências, a Parte Dois (Capítulos 3 a 8) — Transforme Seu Conhecimento em Dinheiro — mostrará como dominar sua atividade, oferecendo pessoalmente serviços tradicionais, como consultoria.

A Parte Três, "Potencialize Seu Alcance e Influência Online" (Capítulos 9 a 11), reúne a combinação de marca e know-how arduamente conquistados com o intuito de orientá-lo a utilizar o poder da internet para aumentar sua influência. Por fim, o capítulo final (Capítulo 12) trata de fatos a se considerar à medida que sua carreira empresarial se desenvolve, como contratar mais assistentes ou colaboradores a fim de alavancar sua qualidade de vida e desenvolver o tipo de negócio que combina com suas aspirações e estilo de vida.

Além disso, você verá seções curtas de "Experimente" em todo o livro, que o estimularão a pensar em como os conceitos abordados se aplicam à sua vida e negócio. Criei um conteúdo de *Autoavaliação* do *Você Intraempreendedor* que você pode baixar e acompanhar à medida que avançar neste livro.

Mais importante, você também descobrirá que não há um caminho "certo" a ser seguido por profissionais que querem ganhar dinheiro. Alguns podem se sentir atraídos por certas estratégias, como coaching ou criação de blogs; outros podem escolher algo diferente na ampla variedade de opções, como palestras de temas importantes ou criar programas de afiliados online. É essencial entender que é mais arriscado *não* diversificar, e que selecionar e desenvolver algumas estratégias específicas permitirá que você se conecte com públicos novos, alcance as pessoas de modos diferentes e capte valor através de inúmeros canais.

Com a estratégia correta, você prospera na nova economia de carreiras de portfólio. É possível viver a vida que você quer, tornar-se realmente respeitado em sua área e ter rendimentos que mudam sua vida nesse processo. O próximo capítulo o ajudará a aprender o elemento essencial para consolidar sua marca: conquistar a confiança do seu mercado ou público-alvo.

Autoavaliação

Para acessar o conteúdo da *Autoavaliação* de *Você Intraempreendedor*, faça o download no site da editora Alta Books [www.altabooks.com.br — procure pelo nome do livro ou ISBN] ou em dorieclark.com [conteúdo em inglês].

CAPÍTULO 2

Primeiro, Torne-se uma Fonte Confiável

Pat Flynn tinha acabado de ser demitido do emprego em um escritório de arquitetura em meio à Grande Recessão de 2008. Sem razão aparente, tinha começado a vender um e-book meses antes sobre como passar no exame do Leadership in Energy and Environmental Design (LEED), que certifica o conhecimento de práticas de construção sustentáveis. O e-book surpreendentemente fez o maior sucesso. De repente, sem emprego e com o casamento marcado para dali a alguns meses, ele se perguntou: *Será que eu poderia ganhar a vida online?*

Contudo, ao começar a pesquisar sobre marketing na internet, ele me disse: "Eu me senti um tanto indignado por estar do outro lado, do lado dos e-mails deles. Eu tinha a impressão de que todos retinham alguma informação; queriam que eu pagasse para receber o resto." Ele comprou alguns desses cursos só para ver o que poderia estar perdendo. Mas foi decepcionante. "Era aquela coisa 'Clique neste botão e fique rico' ou 'Ganhe US$1.000 por semana'; eu sabia, por experiência própria, que aquilo era uma total inverdade", contou Flynn.

Ao contrário dos aproveitadores que encontrou no início, Flynn comprometia-se a partilhar tudo que sabia com seus leitores sem reter as partes essenciais aos clientes pagantes. Hoje, ele é um blogueiro e podcaster bem-sucedido que ganha mais de US$100.000 por mês (ele chegou a ganhar US$250.000 só em março de 2017). Colocando-se como "boneco de teste" do marketing na internet, Flynn revela seus acertos e erros em detalhes. Ele foi o pioneiro do conceito moderno e popular [nos Estados Unidos] de se publicar relatórios dos rendimentos mensais detalhando suas rendas e despesas, porque "para mostrar às pessoas que isso realmente funciona eu precisava mostrar a elas quanto dinheiro estava ganhando".

Esse nível de transparência conquistou sobremaneira a confiança de seus seguidores. Quando ele realizou uma pesquisa com seu público após o lançamento do primeiro produto — o guia de estudos LEED, que integrava em um formato de leitura fácil o material já oferecido gratuitamente online —, descobriu que "cerca de 25% das pessoas que respondiam disseram-me que já tinham feito e passado no exame, mas (comprar o guia) era a primeira oportunidade de me retribuir pelas informações".

Conforme Flynn já havia descoberto a partir de suas primeiras compras online, os vendedores espertalhões fazem promessas exageradas e conseguem realizar a primeira venda por meio de chamarizes sobre "técnicas secretas especiais" que revelarão — por um preço. Porém, as táticas deles afastam rapidamente os clientes, que nunca voltarão. No extremo oposto estão os profissionais talentosos e dedicados, cuja mensagem silenciosa muitas vezes é abafada pela cacofonia de vozes competindo por atenção.

De algum modo, a fim de construir um negócio sustentável e lucrativo como Flynn, precisamos abrir um caminho entre esses dois extremos — vendedores agressivos insignificantes e profissionais significativos que não conseguem vender. Temos que encontrar um meio de granjear a confiança do nosso público e fazer com que queira negociar conosco. (Se ainda estiver pensando em que conhecimentos e habilidades quer partilhar com o mundo, veja o quadro "Avaliando Suas Áreas de Conhecimento Especializado", no final deste capítulo.)

Agora, vamos nos aprofundar nas estratégias fundamentais para se cultivar um forte relacionamento com nosso público: criar conteúdo online; escrever um livro; criar uma rede de contatos e desenvolver uma prova social; cultivar um vínculo com seu público e criar sua lista de e-mails.

Desenvolva Conteúdos Valiosos Online

Primeiro, podemos criar conteúdos valiosos que demonstram nosso conhecimento e permitem às pessoas verem por si mesmas que somos bem informados. Flynn escreveu e gravou podcasts em seu site, *Smart Passive Income*, mas você também pode acelerar o processo de desenvolvimento de confiança criando conteúdo para sites que as pessoas já conhecem e respeitam.

Esse foi o caminho que percorri. Em 2010, aproveitando a experiência adquirida durante minha curta passagem pelo jornalismo, política e, depois, gerenciando uma pequena organização sem fins lucrativos de defesa dos ciclistas, comecei a escrever sobre marketing e marcas em blogs para o *Huffington Post* e a *Harvard Business Review*. Essas parcerias melhoraram muito meu currículo. Assim como uma graduação feita em uma universidade pertencente à Ivy League [grupo formado pelas oito universidades mais conceituadas dos EUA], as contribuições do meu blog mostraram aos leitores que eles poderiam me levar a sério, pois eu já tinha sido avaliada e aprovada por instituições reconhecidas por eles. Em outras palavras, em um mundo sempre ocupado, os blogs foram um atalho e pouparam os leitores do aborrecimento de, independentemente, avaliarem meus méritos. Ao longo do tempo, à medida que suas contribuições aumentam — até agora, já escrevi mais de 120 artigos só para a *Harvard Business Review* —, as pessoas começam a associá-lo com esses canais e a conexão de sua marca se solidifica.

Começar a escrever em canais proeminentes em seu setor pode parecer um tiro no escuro, mas no ciclo 24/7 da mídia esses sites estão sempre procurando conteúdo de qualidade. De fato, tive que suportar repetidas negativas dos editores de revistas e blogs antes de conseguir publicar na HBR [Harvard Business Review], todavia o esforço e a persistência valem a pena.

À vista disso, no fim de 2011, decidi que queria escrever com mais frequência e encontrar um canal complementar de negócios com o qual pudesse contribuir. Levei dois dias para criar uma lista com duas dúzias de publicações de negócios — incluindo sites de revistas, jornais regionais e nacionais e contatos da TV — e as coloquei em uma planilha. Em cada uma, procurei identificar se os contatos tinham um blog em seu site, se esse blog tinha colaboradores externos (se apenas o pessoal interno escrevia para tais blogs, não era um alvo viável) e o nome e endereço de e-mail do editor web. Algumas vezes tive que procurar muito para encontrar o responsável certo, mas com buscas no Google e LinkedIn, e vasculhando o mapa e as diretrizes de envio de cada site, geralmente eu encontrava o que procurava. Enviei e-mails breves de pesquisas para cada editor explicando quem eu era, por que estava interessada em contribuir com sua publicação, sobre o que poderia escrever e links de artigos anteriores para que eles pudessem avaliar meu estilo de escrita. Embora eu não detalhasse nos e-mails que ficaria satisfeita em escrever de graça, supus que os primeiros trabalhos seriam estruturados dessa forma (seria uma surpresa agradável caso não fossem). Você deveria fazer o mesmo. Não conte com pagamentos até começar a se estabelecer. Das duas dúzias de pesquisas, só três foram respondidas — uma média não muito estimulante para uma ex-jornalista profissional, mas é assim que jogamos na nova economia.

Das três, dois contatos rapidamente não vingaram; enviei informações adicionais ou tentei agendar uma ligação telefônica, mas eles pararam de me escrever. Todavia, uma das pessoas que eu havia procurado, o editor executivo da *Forbes*, estava realmente buscando novos colaboradores. Em poucos dias, agendamos uma ligação e menos de duas semanas depois meu primeiro artigo apareceu no site. Acabei escrevendo para a *Forbes* durante três anos e meio, produzindo mais de 250 artigos. Ao escrever para a *Forbes* com frequência — de cinco a dez vezes por mês — ganhei pouco dinheiro como uma colaboradora paga, mas esse foi um benefício secundário; o verdadeiro valor estava em aumentar extraordinariamente o reconhecimento e a exposição do meu nome junto ao público corporativo.

Experimente:

Ao pensar em criar o próprio conteúdo, pergunte-se:

- Quais canais de mídia seu público-alvo lê, assiste ou ouve regularmente?
- Entre eles, quais aceitam artigos de colaboradores externos?
- Você pode criar uma lista de até cinco ideias direcionadas ao estilo e área de foco deles e tentar vendê-las?
- Você conhece pessoas que contribuem com esses canais? Elas estariam dispostas a apresentá-los?
- Na próxima semana, escreva um e-mail breve de apresentação para pelo menos três canais e ofereça seus serviços.

Escreva um Livro

Escrever um livro também ajuda a alavancar a marca. Não é mais *obrigatório* atualmente como foi na época dos "gatekeepers" [pessoas que têm o poder de determinar o que será noticiado]; John Lee Dumas, por exemplo, construiu uma marca forte e grande publicando podcasts sozinho.

Contudo, se você gosta de escrever, isso ainda é uma das ferramentas mais eficientes para demonstrar seu know-how, captar novos públicos e consolidar sua credibilidade. Afinal, a expertise é inestimável em qualquer estágio de sua carreira. Porém, é especialmente importante no início, quando as pessoas podem duvidar de seu conhecimento especializado. Dan Schawbel, consultor e empresário, começou a escrever seu primeiro livro, *Me 2.0*, aos 23 anos e o publicou dois anos depois. "Ter um livro publicado diz: 'Talvez eu não pareça como os outros sujeitos com 23 anos' e talvez você pense um pouco mais em me dar uma chance", disse-me ele.

Hoje em dia a autopublicação perdeu o estigma que carregava antigamente e é uma opção aconselhável para muitos escritores (inclusive Flynn). Até e-books, se bem escritos, podem se tornar uma ferramenta de marketing poderosa. Mas, ao menos por ora, não há nada como um livro publicado de forma tradicional para consolidar sua reputação.

Durante anos, palestrei em eventos locais com frequência — de graça — para promover meu negócio de consultoria. As palestras eram bem recebidas, todavia o público era pequeno e sem dúvida ninguém se ofereceu para me pagar. Mas tudo mudou quando publiquei meu primeiro livro, *Reinventing You*, em 2013. De repente, organizadores de eventos me viam de forma diferente; eu agora era uma especialista que valia a pena procurar, e não uma consultora comum à caça de negócios.

Eu queria publicar um livro há anos, e tentei, mas minhas propostas anteriores foram rejeitadas porque eu ainda não tinha uma "plataforma" grande o bastante (ou seja, não era suficientemente conhecida). Para remediar a situação, comecei a escrever em blogs e, nesse processo, descobri algo importante: a criação de conteúdo não era só um meio de desenvolver minha marca, mas também uma forma de realizar uma pesquisa de mercado que revelava em que o público estava mais interessado.

Em um post que escrevi para a *Harvard Business Review*, "How to Reinvent Your Personal Brand" ["Como Reinventar Sua Marca Pessoal", em tradução livre], eu não tinha a intenção de passar um recado para o mundo. Não achei que ele fosse diferente ou mais especial que outras dezenas de postagens que eu havia escrito antes para meu próprio blog ou outras publicações. Mas ele foi bem aceito e a HBR perguntou-me se estaria disposta a expandi-lo para um artigo de 2.500 palavras. Quando foi publicado, três agentes literários me procuraram; foi então que percebi que tinha atingido um ponto sensível. Um livro sobre reinvenção profissional acabou sendo um assunto muito melhor do que aqueles que eu tinha imaginado ou abordado anteriormente — um guia para a geração Y no local de trabalho e um livro a respeito de como os executivos podem aprender técnicas de comunicação usando estudos de caso do mundo da política. Porém, eu não tinha como saber disso ou testar essas pressuposições até escrever um post e ver a reação direta do público.

Experimente:

Caso você esteja pensando em escrever um livro, considere estas perguntas e ideias importantes:

- Decida se quer publicar seu livro de forma independente ou comercial. Uma publicação independente é interessante se você escreve para um segmento ("marketing de mídia social para corretores imobiliários"), se quer publicar rapidamente (a publicação tradicional leva de um a dois anos) e caso queira uma parcela maior de controle e rendimentos. A publicação tradicional é uma boa ideia se você busca credibilidade (reconhece-se o valor em ser escolhido e avaliado por uma editora importante) e gostaria de se concentrar na escrita e promoção (a editora tratará do design, distribuição, direitos autorais estrangeiros etc.).

- Quais dos seus posts em blogs, podcasts ou vídeos têm sido especialmente populares? Eles podem revelar tendências ou temas de livros emergentes aos quais seu público pode reagir.

- Quando você identificar um possível tema, crie uma lista de obras concorrentes. Mesmo que planeje uma autopublicação (e, portanto, não precise elaborar uma proposta de livro), ainda é importante pesquisar sobre o setor e determinar quem mais atua nele. Qual é a perspectiva deles? Como a sua pode ser diferente ou única?

- Se planeja procurar editoras tradicionais, leia a seção de agradecimentos das obras concorrentes. Quase sempre os autores agradecem seus agentes ali (e agentes são necessários caso você queira vender para uma grande editora comercial). Desse modo, você conseguirá uma lista curta de agentes que venderam livros muito semelhantes ao seu com sucesso, e pode voltar e contatá-los quando sua proposta estiver pronta.

- Escreva um esboço de seu livro. Ele não precisa ser o produto final; é apenas um exercício para determinar se você tem conteúdo e ideias suficientes para encher um livro. Para começar, imagine que está escrevendo um livro de dez capítulos. O que você gostaria de abordar em cada capítulo? Tente escrever pelo menos um parágrafo descrevendo cada um. Se você não pode reunir material suficiente, talvez tenha que pensar mais ou escrever um e-book curto. Se você tem muito material, talvez tenha escolhido um tema muito amplo ("A história da Civilização Ocidental") e poderia pensar na possibilidade de restringir seu foco.

- Comece a elaborar um plano de marketing para seu livro. Como você fará com que os exemplares cheguem às mãos de seus leitores? Há recursos especiais a que você pode recorrer (a empresa de um cliente disposta a comprar 500 exemplares, ou você realiza muitas palestras e poderia abrir mão de seus honorários em troca da compra de um grande número de exemplares)? Quais canais de mídia são mais importantes de se alcançar? Faça uma lista de blogs e revistas dos quais gostaria de participar, de podcasts em que gostaria de aparecer, e assim por diante. Comece a monitorá-los para ver se apresentam livros como o seu (o que sugere que eles podem estar abertos a comprar quando seu livro estiver pronto) ou se escreveram sobre colegas que conhece (e, nesse caso, você pode pedir a esses colegas para apresentá-lo).

- Agora você está pronto para começar a criar a proposta de seu livro (caso planeje publicar comercialmente) ou mergulhar de cabeça na escrita do primeiro capítulo (se for publicar de forma independente). Boa sorte!

Crie uma Rede de Contatos e Prova Social

Na psicologia, há um conceito conhecido como "prova social" — o fato reconhecido de que os outros o julgam por suas afiliações. Uma vez que você escreve para a *Harvard Business Review* ou para a *Forbes*, é bem possível que as pessoas o encarem como competente ou confiável devido à impressão que essas marcas deixam em você. Isso também se aplica a indivíduos com quem você se associa e relaciona — cercar-se de pessoas que você respeita e cujo público coincide com o seu pode ser uma estratégia valiosa para construir uma reputação confiável.

Selena Soo, empresária que vive em Nova York, constatou esse fato logo após criar seu negócio como estrategista publicitária, em 2012. Ela se deu conta de que publicar posts como convidada nos blogs dos figurões consagrados na área ou aparecer em seus podcasts resultava em uma visibilidade significativa e aumentava as assinaturas em sua lista de e-mails em um ritmo muito mais rápido do que a publicidade paga. Soo diz que as pessoas podem reagir a um anúncio do Facebook, mas há um grau de ceticismo se você fizer parte da massa desconhecida. Contudo, é diferente se você foi recomendado por alguém em quem confiam. "Se você estiver em um podcast e alguém como John Lee Dumas, de *Entrepreneur on Fire*, disser: 'Ei, pessoal, vocês têm que dar uma olhada nessa pessoa. Ela é ótima'— é totalmente diferente." Ela acrescentou: "Acho que as pessoas que aparecem através dessas fontes de publicidade online são duas vezes mais receptivas (do que indicações geradas por publicidade paga) e elas ficam na sua lista. É menos provável que cancelem a assinatura e mais provável que comprem." Faz sentido: o grau de confiança inicial é maior, porque você foi recomendada por fontes respeitadas.

Essa estratégia também funcionou para Derek Halpern. Em 2006, ele criou um site de fofocas sobre celebridades em que rapidamente conquistou um grupo de seguidores e atraiu cerca de 40 milhões de visitantes no ano seguinte, ganhando até US$20.000 por mês. Porém, logo ficou cansado de vender mexericos sobre celebridades badaladas. Ele acabou por fechar o site e, em março de 2011, desenvolveu algo de interesse pessoal muito maior: Social Triggers, um site dedicado ao marketing e à psicologia. Todavia, ele era completamente desconhecido, tanto em marketing quanto em psicologia; assim, teve que encontrar um meio de ser levado a sério.

Rede de contatos e prova social andam lado a lado com outro princípio importante — *oferecer valor primeiro aos outros* — que Halpern levou a sério. Ele aproveitou a experiência em marketing online que tinha adquirido ao administrar o site de fofocas e contatou blogueiros renomados de negócios como Pat Flynn e Chris Brogan, nomes já conhecidos no nicho que ele agora pretendia ingressar.

"Procurei pessoas responsáveis por blogs cujo público eu queria conquistar e disse: 'Ei, vocês estão perdendo algumas mudanças significativas (de visitantes do site em assinantes). Acho que posso ajudar.'" Então, Halpern solicitou uma videoconferência de 15 minutos na qual ele ofereceria aos blogueiros conselhos gratuitos sobre marketing de sites. "Eu lhes disse para gravar o vídeo. Se meus conselhos funcionassem, eles postariam o vídeo." Basicamente, ao oferecer consultoria gratuita, Halpern teve a chance de transmitir sua mensagem ao grande público dos blogueiros.

Os vídeos fizeram o maior sucesso junto aos blogueiros e seu público. "Se você assistir a cada vídeo", disse-me ele, "perceberá que tive algumas boas ideias para eles — e que eu disse a mesma coisa em quase todos. A maioria das pessoas tem uma boa ideia, acaba promovendo-a uma vez e nunca mais fala a respeito. Eu tive uma boa ideia e falei sobre ela em 20 vídeos". Mais do que depressa, Halpern foi considerado um expert, porque ele não só era visto acompanhado de figuras proeminentes, como também elas ouviam e aceitavam suas recomendações. Em três meses, ele tinha conseguido mais de 10 mil assinantes, atraídos para seu site quase exclusivamente pelos vídeos. "Ainda colho os benefícios desses vídeos", contou. "Eles ainda são vistos."

Experimente:

Para criar prova social e melhorar sua reputação, pergunte-se o seguinte:

- Quais formas de prova social podem alavancar sua influência (com afiliações, empresas proeminentes, instituições educacionais, associações de classe, canais de mídia ou pessoas físicas)?
- Quem são os influenciadores que fariam uma grande diferença para você se os contatasse?
- Quais habilidades ou recursos você pode oferecer para ajudar pessoas mais experientes em seu ramo?

Conecte-se com Seu Público

Uma vez que você se apresentou a um público e criou uma conexão inicial, é preciso manter contato e aprofundar o grau de confiança que ele tem em você. No mundo da política, diz-se que os eleitores precisavam ouvir seu nome sete vezes antes de se lembrarem dele, e o mesmo se aplica aos negócios: a exposição repetitiva é fundamental.

Apesar da publicidade exagerada que permeia as mídias sociais — e a verdadeira oportunidade que ela representa para expandir seu público e, ocasionalmente, permitir que suas ideias viralizem —, na verdade é um erro grave contar com ela como o principal meio de se comunicar com seu público. A decisão de 2013 do Facebook de alterar os algoritmos que determinam quais postagens aparecem em seus feeds de notícias prejudicou em grande escala as marcas que gastaram imensas quantidades de tempo e dinheiro acumulando suas "curtidas" a fim de conquistar seguidores.

A manchete do *Business Insider* disse tudo: "O Facebook Fez um Leve Ajuste no Modo de Funcionamento do Site — E Isso Prejudica uma Profissão Inteira."[1] Essa profissão, é claro, é a do pessoal de marketing que utiliza as mídias sociais, o qual, de repente, deu-se conta da insensatez de permitir que seu relacionamento com os clientes fosse mediado por empresas privadas que prestam contas aos investidores de risco ou acionistas. E não é só o Facebook; o expert em marketing online, Danny Sullivan, estudou o processo de participação em sua conta do Twitter — que, na época, tinha cerca de 400 mil seguidores — e descobriu que, em média, só 1,3% a 2,6% de seus seguidores viam determinados tuítes.[2]

Se nem ao menos podemos contar com a mídia social para conquistar nossos seguidores, o que *funciona*? Entre os quase 50 especialistas que entrevistei para este livro, houve um consenso esmagador: o velho e-mail.

Quando as pessoas estão ocupadas, muitas tiram um "período sabático da mídia social" por alguns dias. Entretanto, para a maioria dos profissionais, a caixa de entrada do e-mail é sagrada: é onde recebem as mensagens mais importantes. O gerenciamento do e-mail é uma das últimas coisas que os líderes mais importantes delegam aos assistentes;

muitos executivos o consideram como um "painel de controle" que lhes permite monitorar o funcionamento dos negócios.

Porém o efeito esmagador de seu excesso é real: um estudo de 2015 mostrou que um usuário padrão de e-mail manda ou recebe surpreendentes 122 mensagens por dia.[3] Desse modo, caso você seja convidado a participar ativamente da lista de e-mails de alguém, isso demonstra um tremendo sinal de confiança e uma indicação de que eles estão dispostos a ler o que você enviar. (Por outro lado, não fique tentado a adicionar pessoas à lista sem sua permissão. Além de ser indelicado, você infringe leis antispam.)

Experimente:

À medida que você pensa em como estreitar o relacionamento com seu público, lembre-se do seguinte:

- Faça um balanço de sua lista de e-mail. Você tem uma? Nesse caso, todos os seus contatos optaram e pediram para ser adicionados? Em caso positivo, ótimo. Em caso negativo, remova-os. Tudo bem mandar um único e-mail para todos os contatos para perguntar se gostariam de participar de sua lista, mas você deve fazer com que eles escolham continuar a receber outros e-mails; você deve avisar a todos que será a única mensagem que enviará.

- Comece a realocar seu tempo. Quanto tempo por semana você gasta nas mídias sociais divulgando seu negócio? Uma hora? Duas? Cinco? Crie prioridades novas. Gaste pelo menos 30% desse tempo para formar sua lista de e-mails. (Vamos discutir os mecanismos detalhadamente mais adiante.) O retorno do investimento é incalculável.

Crie uma Lista de E-mails

Aprendi a lição sobre criar uma lista de e-mails durante o lançamento de meu primeiro livro, *Reinventing You*. Antigamente, eu era meio indiferente em relação ao crescimento da minha lista. Claro, eu aceitava os cartões de visita das pessoas e as adicionava quando pediam, e às vezes colocava um link no final dos artigos que eu escrevia, incentivando as pessoas a "assinarem meu boletim informativo". Porém, geralmente eu os direcionava para minha conta do Twitter ou para o link de compra online de meu livro. Eu estava satisfeita em "conscientizar", e esse foi um erro básico, porque quando chegou a hora de avisar meus leitores que meu primeiro livro sairia, não sabia bem onde ou como contatá-los. Pense nisso: quantas vezes você lê a resenha de um livro interessante no jornal ou ouve sobre ele no rádio e depois realmente se lembra de comprá-lo? Normalmente, esses pensamentos são passageiros: *Ah, isso parece interessante!* Porém, a menos que você esteja vagando em uma livraria e se depare com o livro, é bem provável que se esqueça.

Quando lancei meu segundo livro, *Stand Out*, em 2015, estava determinada a fazer algo melhor. Eu tinha 9,5 mil assinantes em minha lista antes do lançamento — nada mal, mas certamente não tantos quanto poderia caso eu tivesse me esforçado mais. Antes de tudo, compreendi que precisava de um bom incentivo para eles assinarem. "Junte-se a minha lista de e-mails" raramente é algo convincente; muitas vezes, as pessoas recebem dezenas de solicitações como essa e a maioria é banal, excessivamente autopromocional ou ambos. Por que uma pessoa informada deveria assinar mais uma? Em vez disso, precisava seduzir meu público com algo que ele considerasse interessante e significativo.

Convenci meu editor a me emprestar um de seus designers gráficos por uma hora ou duas a fim de criar um caderno bonito de exercícios em PDF, com 42 páginas, baseado em meu livro. Literalmente, gastei meia hora para criá-lo; simplesmente reuni as perguntas no final de cada capítulo e as coloquei em um documento, com espaço para os leitores escreverem suas respostas. Era o tipo de prêmio perfeito: fácil de criar, mas extremamente útil para os destinatários. (Criei um material de autoavaliação semelhante para este livro. Veja as informações sobre o download do conteúdo no quadro de Autoavaliação.)

Durante meu lançamento e nos meses subsequentes, escrevi dúzias de posts como convidada em vários blogs, sempre promovendo o caderno de exercícios no final do artigo em minha biografia. Também realizei mais de 160 entrevistas em podcasts e fiz questão de indicar aos ouvintes a página em que eles também podiam inserir o endereço de e-mail para baixar o caderno e fazer parte de minha lista.

Autoavaliação

Você pode fazer o download do conteúdo da *Autoavaliação* do *Stand Out* — que me permitiu aumentar minha lista de e-mails em 150% em menos de um ano — em dorieclark.com/join [conteúdo em inglês]. Para ter o conteúdo da *Autoavaliação* de *Você Intraempreendedor*, faça o download no site da editora Alta Books [www.altabooks.com.br — procure pelo nome do livro ou ISBN] ou em dorieclark.com [conteúdo em inglês].

Essa estratégia — oferecer algo em que os leitores se interessem — além de ajudar a dobrar minha lista, também aumentou o número de assinantes, de 9,5 mil em fevereiro de 2015 para mais de 25 mil no final daquele ano. Isso representa um aumento maciço no número de pessoas que conhecem meu nome e trabalho, e que posso contatar facilmente por meio de mensagens e atualizações.

Os cadernos de exercícios são um exemplo de prêmios desejáveis; outros podem incluir links para vídeos, como webinários ou uma série didática; folhas de dicas; um minicurso feito com e-mails ensinando como fazer algo durante o período de alguns dias ou semanas; "swipe files" [trata-se de uma "biblioteca" de ideias] com amostras de texto ou gráficos para ajudá-lo a resolver um problema específico, como contatar influenciadores ou criar ótimos textos de vendas; ou artigos mais detalhados e e-books relacionados ao post original que leram.

Experimente:

Ao pensar em como aumentar suas opções vale a pena se perguntar:

- Que conhecimento ou informações você tem sobre os quais as pessoas lhe perguntam com frequência (de como se tornar um jogador melhor de pingue-pongue a negociar um salário mais alto)?
- Como você transformaria isso em um desejável "ímã de oportunidades" e de que forma seria (caderno de exercícios, série de vídeos, fichas de dicas, guia de recursos, swipe files etc.)?
- Como você promoverá seu "lead magnet" [oferta gratuita em troca de um endereço de e-mail] (aparecer em podcasts, escrever um artigo detalhado, criar anúncios no Facebook etc.)?

Criar um lead magnet para desenvolver sua lista de e-mail é um ótimo começo, mas como você pode garantir que as pessoas o encontrem? Além de mencionar meu caderno nas entrevistas e podcasts em que aparecia, eu também incluía um link para ele na biografia no fim dos artigos e blogs.

Essa estratégia me trouxe resultados, porém sou novata em comparação a Chris Winfield, que escreveu um post arrebatador em um blog com a finalidade de aumentar sua lista em 15 mil assinantes. Seu post "How to Work 40 Hours in 16.7" apareceu no site *Medium* (e foi republicado em outro) e viralizou. Para alguns empresários, isso poderia ser o fim. Todavia, Winfield fez questão de incluir um "upgrade de conteúdo" no final de seu longo post — um lead magnet prometendo ainda mais informações para os curiosos.

"Quer saber mais?", perguntou ele no post. "Pronto para poupar 23,3 horas por semana e realizar MAIS? Claro que está... E quero facilitar ao máximo para você." Então, ele adicionou uma imagem que disponibilizava o acesso rápido para o link de seu guia com 32 páginas, no qual explicava seu sistema em detalhes e incluía um caderno de exercícios, ferramentas e recursos. Sua promessa, voltada às pessoas que já estavam interessadas no tema e tinham lido seu artigo de duas mil palavras, resultou em surpreendentes 1,5 mil assinantes a partir de um único post.

Winfield não é o único que usou blogs como estratégia para ganhar novos assinantes de e-mail. Talvez o exemplo mais impressionante de criação de lista de e-mails seja o de James Clear, um blogueiro que escreve sobre hábitos que melhoram o desempenho físico e mental. Ele começou no final de 2012 e se comprometeu a postar dois artigos por semana. Dentro de dois anos, tinha conquistado 100 mil assinantes; em abril de 2017, tinha mais de 400 mil.

O sucesso de criação da lista de Clear gira em torno de quatro estratégias: consistência, foco, títulos chamativos e o uso cooperativo de sites.

Consistência

Para Clear, só há uma explicação para que o número de leitores tenha explodido de forma tão extraordinária: sua consistência. Quando criou seu site Clear lembra que havia um blogueiro da área de saúde que admirava: "Ele escrevia artigos com base científica muito bons, e as pessoas gostavam muito. Quando comecei, seu público era cinco vezes maior que o meu. Hoje, meu público é 20 vezes maior que o dele, e não se pode dizer que é devido à qualidade, porque ele produz um material muito bom. A única diferença é que, a partir de 12 de novembro de 2012, decidi escrever todas as segundas e quintas, enquanto ele tem escrito esporadicamente."

Seu ritmo constante lhe dá duas vantagens. Primeiro, ele diz: "Cada artigo que você produz é uma chance de subir no ranking do Google e no tráfego dos mecanismos de pesquisa, de pessoas partilharem nas mídias sociais ou de alguém enviar um artigo para amigos via e-mail." Quanto maior o volume, mais exposição. Mas, segundo ele diz, escrever pelo menos oito artigos por mês garante que alguns despertem uma reação forte nos leitores. "Todas as estratégias de marketing ficam mais fáceis com bom conteúdo", afirma. "Muitas vezes pensamos: 'Só preciso de uma estratégia melhor ou só preciso de uma tática melhor', quando, na verdade, você precisa de um trabalho melhor." A frequência com que ele produzia lhe proporcionou a chance de ter ideias mais inovadoras.*

* Consistência é algo poderoso, mas difícil de ser mantida até mesmo por astros de primeira grandeza. Para passar mais tempo escrevendo seu primeiro livro, Clear tomou a decisão estratégica de restringir as atualizações de seu blog depois de três anos.

Foco

Você não deve bombardear os leitores com muitas informações quando visitam seu site e leem seu blog. "Quero que haja uma chamada para ação clara em cada página", disse Clear. "Não quero confundir as pessoas fazendo-as clicar aqui para comprar meu livro, ali para se inscrever em minha lista de e-mail, me seguir no Twitter e no Facebook, e ler este artigo. Elas teriam que fazer cinco coisas ao mesmo tempo. Quando têm cinco coisas para fazer, provavelmente não farão nenhuma, porque não sabem o que é mais importante." Em vez disso, o site de Clear chama a atenção para apenas um fato: inscrever-se a fim de receber um e-book sobre como transformar seus hábitos, o que também o colocará em sua lista de e-mails. Ele não inclui quadros laterais ou qualquer coisa que distraia os leitores do foco principal: inscrever-se em sua lista.

Títulos Chamativos

Quando se trata de criar sua lista de e-mails, nunca é demais falar da importância dos títulos das postagens, o que de fato chama a atenção dos leitores em primeiro lugar. Como Winfield descobriu, vale a pena gastar muito tempo para elaborar um título persuasivo.

Winfield esforçou-se muito para encontrar um título simples para seu artigo elaboradamente detalhado sobre produtividade. O artigo promovia a Técnica Pomodoro, estratégia em que você foca intensamente determinada tarefa durante 20 minutos, depois faz uma pausa de cinco minutos para recarregar as energias e repete o processo de uma a quatro vezes antes de fazer uma pausa de 15 minutos. (O nome vem do cronômetro em forma de tomate usado pelo criador da técnica, Francesco Cirillo.)

Primeiro, Winfield pensou que "The 40 Pomodoro Work Week" ["A Semana de Trabalho Pomodoro 40", em tradução livre] seria um título ótimo para o post, porque suscitava o popular livro sobre produtividade de Tim Ferriss, *The 4-Hour Workweek*. Mas, então, ele se deu conta: "Estou pensando em uma bolha. A maioria das pessoas não tem ideia do que é a Técnica Pomodoro." Ele continuou a pensar.

Fundamentalmente, a promessa do post diz respeito a "como trabalhar duas vezes mais na metade do tempo" — uma proposta interessante, mas que as pessoas já podem ter ouvido falar antes (e ficado céticas). Ele compreendeu que uma especificidade numérica daria destaque ao post, e o título final, "How to Work 40 Hours in 16.7", foi um sucesso.

Uso Cooperativo de Sites

Clear sempre posta os artigos primeiro em seu site. Mas ele não para por aí. Atualmente, tem um acordo de cooperação com sites, que incluem *Entrepreneur*, *Lifehacker*, *Business Insider* e a *Forbes*; se eles acham que seu público vai se interessar pelo artigo, têm permissão de republicar. Sua biografia no final orienta os leitores a voltarem para a página inicial e os incentiva a assinar o boletim informativo. Aparentemente é impossível chamar a atenção de publicações renomadas e, de fato, não é algo com que se preocupar no começo.

No início, porém, você pode republicar seus artigos em sites como LinkedIn e Medium, que estão abertos a todos. À medida que progredir, você pode criar conexões com outros blogueiros que gostariam de ter a chance de compartilhar seu material com os leitores. E, com o passar do tempo, quando você conquistar mais leitores e experiência, provavelmente descobrirá que os editores de canais cada vez mais proeminentes o procurarão. Na verdade, comecei a escrever para a *Entrepreneur* quando um dos editores, que acompanhara meus artigos em outras publicações, contatou-me pelo Twitter para saber se eu poderia escrever para ele. Isso ajuda a impulsionar sua exposição e o crescimento de sua lista depois que tiver mais experiência.

Criar sua lista de e-mails, oferecer conteúdo inspirador a seus leitores, cercar-se de colaboradores e colegas respeitados — são estratégias de suma importância para se construir confiança e consolidar sua marca. Naturalmente, a meta final é encontrar meios de converter seu público em clientes pagantes, para que seu negócio se torne sustentável. Mas essa transição — de oferecer seu conteúdo gratuitamente para cobrar dinheiro de fato — pode ser preocupante. Entretanto, se quiser que seu negócio tenha êxito em longo prazo, precisa encontrar meios de monetização válidos e que interessem aos clientes. Discutirei esse fato no próximo capítulo.

Experimente:

Se planeja desenvolver sua lista de e-mails através do marketing de conteúdo, pergunte-se:

- Você elaborou uma programação de criação de conteúdo coerente? Seja posts em blogs ou a criação de vídeos e podcasts (falaremos sobre as técnicas mais adiante no livro), ter uma programação regular, como "semanal" ou "terças e quintas-feiras", ajuda os leitores a saber o que esperar.

- Verifique seu site e biografia. Você tem várias chamadas para ação ("Inscreva-se no meu canal do YouTube", "Siga-me no Twitter" e "Conecte-se ao LinkedIn")? Faça uma limpeza e foque sua mensagem no que é mais importante: fazer com que as pessoas se inscrevam em sua lista de e-mails.

- Analise os títulos do conteúdo que você cria. Quais foram os títulos anteriores de mais sucesso? Quais padrões você vê? Há determinadas palavras ou frases pelas quais as pessoas se sentem mais atraídas? Seus leitores gostam de títulos longos ou curtos? Eles respondem bem a posts do tipo lista (por exemplo: "Quatro Maneiras de Melhorar Seu Marketing Hoje")? Tome nota e adapte-se.

Avaliando Suas Áreas de Conhecimento Especializado

Para alguns profissionais é evidente quais habilidades e conhecimentos querem partilhar em um empreendimento. Mas para outros pode ser um pouco mais complicado. Talvez você se interesse por uma série de coisas ou seja um generalista. Como saber em que se concentrar? E quais os primeiros passos que deveria dar quando descobrir? Aqui estão algumas sugestões de Bozi Dar, o executivo de marketing de ciências biológicas que administra um negócio online como atividade paralela.

Não se apaixone por sua ideia. O primeiro produto de Bozi Dar foi um app que ajudava as pessoas a mudarem de humor vendo fotos pessoais acompanhadas de músicas. Era uma ideia legal, mas ele está convencido de que falhou porque: "Comecei o app sem realmente testar se havia problemas (que os clientes queriam ver resolvidos), sem testar qual era meu público ou se alguém realmente buscava uma solução. Simplesmente me apaixonei pela ideia, investi dinheiro e tempo e nunca funcionou." Não tenha apenas uma ideia inteligente; certifique-se antes de que as pessoas realmente a querem.

Compreenda em que você é devidamente qualificado para compartilhar. Por outro lado, o bem-sucedido curso online de Bozi Dar sobre carreiras surgiu de perguntas que sempre lhe faziam. "Eu recebia uma promoção após outra", lembra ele. Seus amigos e colegas notaram e "Eu me vi sendo convidado para essas sessões de café/mentoria sem parar". Ele se deu conta de que os outros valorizavam sua opinião e talvez houvesse um público disposto a pagar por ela.

Não se apresse em deixar o emprego. Algumas pessoas ficam tão entusiasmadas com seu novo empreendimento que querem mergulhar de cabeça imediatamente e deixam o emprego. Bozi Dar discorda. Ele recomenda ficar no emprego ao menos por um ano, se não mais. "Eu ficaria na empresa e começaria a testar a hipótese (sobre o modelo de negócios)", recomenda ele. "Qual é o problema? As pessoas procuram uma solução? Quem é o cliente?... Eu tentaria responder a essas perguntas antes de deixar o emprego, e o teste final (sobre a viabilidade da ideia) seria alguém abrir a carteira para pagar pelo que ofereço."

(continua)

Desenvolva suas habilidades. Muitos assalariados, mesmo quando talentosos, não estão totalmente prontos para ser empresários. Por isso Bozi Dar sugere fazer um esforço conjunto — enquanto você ainda está empregado — para desenvolver suas habilidades. "Essa foi minha estratégia. Decidi criar meu próprio negócio em 2005, mas fiquei no emprego por mais um ano, enquanto assistia a aulas de desenvolvimento profissional — que meu empregador pagou — sobre temas que eu sabia que precisava aprender, como gestão financeira, design e estratégia de negócios. Bozi Dar recomenda que você use esse período para aprender as "habilidades básicas", como vendas, palestras, persuasão, revisão de texto etc. "Comprar cursos, participar de reuniões com especialistas em diversas áreas e contratar um coach de negócios sempre ajuda", diz.

De fato, Marie Forleo — uma coach pessoal que foi elogiada por Oprah Winfrey e agora administra uma empresa de oito dígitos — conta seus primeiros dias quando investiu pesadamente no desenvolvimento de habilidades.[a] "Não queria ficar desesperada por clientes", diz, "então trabalhei como bartender e fiz outros bicos para ganhar o suficiente para manter meu estilo de vida em Nova York e investir em meu negócio e em cursos de marketing."[b]

Foque um canal por vez. Finalmente, quando estiver pronto para o lançamento, facilmente ficará sobrecarregado com todas as coisas que *poderia* estar fazendo. Em vez disso, Bozi Dar sugere dominar um canal por vez, conhecendo-o profundamente, e, então, avançar a partir dali. Ele tem um curso (Career Acceleration Formula) que comercializa por meio de um canal (webinários), e identifica as oportunidades de webinários por um mecanismo (parcerias de afiliação). Esse foco "é a única forma pela qual se pode construir uma base sólida e, desse modo, conquistar outros canais em circulação ou produtos", diz. Anúncios no Facebook ou marketing em ferramentas de busca são possibilidades interessantes; mas, por ora, são excessivas. É melhor se superar em uma área e então avançar dali.

[a] Nathan Chan, "FPO33: Marie Forleo Reveals How to Build an 8 Figure Business with Heart", *Foundr*, 5 de março de 2015, https://foundrmag.com/fp033-ma-rie-forleo-reveals-how-to-build-an-8-figure-business-with-heart/. [conteúdo em inglês]

[b] Marie Forleo, "The Rich, Happy & Hot Entrepreneur Blueprint", https://www.tony robbins.com/pdfs/Marie%20Forleo%20MM%20Workbook.pdf. [conteúdo em inglês]

PARTE DOIS

Transforme Seu Conhecimento em Dinheiro

CAPÍTULO 3

A Coragem de Monetizar

Reunir coragem para monetizar pode ser um desafio. E se ninguém quiser seu produto? E se as pessoas se queixarem que o preço é alto demais? Ou o chamarem de desonesto por ter a ousadia de cobrar? Tudo isso pode e, provavelmente, vai acontecer. Porém, você não pode ajudar as pessoas com seus conselhos perspicazes, produto ou serviço fantásticos se não continuar na ativa. Cobrar o que você vale é essencial para gerar o impacto de longo prazo que deseja.

Neste capítulo, veremos como monetizar seu negócio. Tudo começa ao se ganhar confiança no valor que você apresenta, focar as métricas corretas, vencer alguns tipos comuns de resistência e atingir o equilíbrio adequado em relação a alguns fatores, como a escolha do momento certo.

Compreenda o Valor que Você Oferece

O primeiro passo é ser claro quanto ao valor que oferece aos outros. Feito isso, você se sentirá mais à vontade em cobrar preços adequados — até mesmo altos.

Pouco depois de iniciar minha empresa de consultoria, em 2006, marquei uma reunião com uma cliente em potencial. Passei uma hora fazendo perguntas incisivas sobre sua empresa e falei sobre as possíveis soluções que eu oferecia. Quase tinha fechado o negócio quando ela me fez uma pergunta óbvia: “Quanto você cobra?”

Fiquei sem ação.

Eu esperava evitar a pergunta, que ela fizesse a primeira oferta ou dissesse calmamente algo sobre pagar a "taxa habitual para consultores", seja lá o que isso fosse. De algum modo, eu tinha conseguido evitar até pensar nos meus preços; eu não tinha ideia do que dizer.

Pensei depressa. "US$60 por hora", murmurei. Isso era um pouco menos do que meu acupunturista cobrava; imaginei que se eu não me incomodava em pagar essa quantia ela também não se incomodaria. Mas quando ela aceitou — rápido demais — compreendi que tinha cometido um erro crucial. Eu tinha cobrado pouco.

Nos anos seguintes continuei tropeçando, aceitava trabalhos risivelmente pequenos por pagamentos minúsculos — como redigir discursos por US$500 ou fazer copidesque de alguns folhetos por US$250. Ganhei volume. Nos primeiros anos de atividade, trabalhei com mais de 80 clientes e ainda consegui gerar uma renda de seis dígitos, a despeito dos preços absurdamente baixos. Mas o ritmo era incessante.

Com o passar do tempo, comecei a aumentar os preços — e meus padrões —, só um pouco. Eu tinha um histórico, portanto, não me preocupava mais em aceitar trabalhos de US$500. Porém, ainda realizava muitos trabalhos de consultoria por US$2.500 e US$5.000 que tomavam semanas ou meses do meu tempo.

Quando seu negócio ainda estiver engatinhando você estará disposto a fazer quase tudo para ganhar experiência e criar uma lista de clientes que deem indicações e cartas de referência. Provavelmente você perderá os primeiros clientes que pagavam pouco quando começar a atender a clientes mais renomados e aumentar seus preços ao longo do tempo, o que pode ser uma perspectiva assustadora.

Porém é necessário romper o padrão de se estar tão ocupado trabalhando a fim de sobreviver que não sobra tempo para melhorar sua imagem de modo significativo — porque essa é a única coisa que lhe dará a consolidação da marca em longo prazo.

Hoje, cobro US$6.000 por uma consultoria estratégica de meio dia com os clientes. Isso está a anos-luz dos primeiros dias do meu negócio. É o resultado de deixar claro o valor que posso oferecer, construir minha marca para cativar o tipo certo de cliente (que ficaria feliz de trabalhar comigo, mesmo a um preço elevado) e estar confiante o bastante para cobrar esse preço e insistir nele.

Há alguns anos, o autor Kevin Kruse aprendeu uma lição sobre como compreender o próprio valor a partir de uma fonte inesperada: alguém que ele tentava contratar como palestrante. Na época, Kruse administrava uma associação de ciências biológicas sem fins lucrativos e sua função era organizar a convenção anual. "Essa pessoa em especial era especialista em criatividade e o conselho queria contratá-la como palestrante principal", lembra-se ele. Apesar de Kruse ter um orçamento de US$30.000 destinado só para a palestra principal, não tinha certeza se conseguiria contratar esse profissional, um autor de best-sellers da lista do *New York Times*, com doutorado em uma universidade da *Ivy League* e uma presença forte na mídia.

Porém, quando ele ligou, o autor apresentou um preço absurdamente baixo: apenas US$3.000. "Observando do lado de fora", diz Kruse, "ele aparentemente apresentava todos os sinais de sucesso e credibilidade, e ficaríamos felizes em pagar literalmente dez vezes o preço que pedia". Daquele jeito, Kruse se perguntou se o preço baixo pedido pelo autor afugentaria o público, pois as pessoas achariam que ele era um principiante no palco.

Talvez o palestrante simplesmente estivesse desinformado a respeito das taxas de mercado para seu ofício. Mas também é possível que lhe faltasse a confiança para se valorizar adequadamente.

Pense sobre o assunto: quando algo é simples para nós, muitas vezes supomos que seja fácil para todo mundo, lembra Jason Van Orden, responsável pelo famoso podcast e programa de treinamento online *Internet Business Mastery*. Caso, por exemplo, você seja um instrutor de golfe, a empunhadura adequada é óbvia para você. Porém, ao mostrá-la a outra pessoa, diz van Orden, você lhe poupa "talvez meses de frustração e tentativas de acerto, e resume seu esforço a três lições".

Senti-me mais confiante para aumentar meus preços por dois motivos importantes. Primeiro, eu aprimorava minhas técnicas e minha reputação crescia constantemente. Eu sabia que podia cobrar mais no mercado quando comecei a escrever no blog do *Huffington Post* e, mais tarde, da *Harvard Business Review*, pois eu seria vista como especialista. Segundo, entendi com mais clareza como os outros cobravam, o que me deu a confiança de que meus preços não estavam despropositados em relação à tendência predominante e de que eu os podia aumentar com segurança. Esse é um dos motivos pelos quais vale a pena estabelecer relacionamentos com outros profissionais em sua esfera de atuação, para que você troque informações e garanta que não seja desvalorizado.

Ganhar confiança para cobrar o que vale é um problema comum entre os novos empresários. É fundamental que você faça tudo que for necessário para superar esse problema — ao contratar um coach pessoal, um mentor ou se envolver em reuniões mastermind [um pequeno grupo de pessoas que realizam um intercâmbio de experiências profissionais] ou associação profissional em que adquira uma noção melhor acerca dos preços praticados em seu mercado.

Foque as Métricas que Contam

A mídia social como meio de ampliar sua mensagem e como forma de prova social para impressionar editores em potencial e afins é de grande ajuda. Porém, conforme vimos, é extremamente desafiador mobilizar um público através dela; você não controla essa relação e nunca sabe se alguém realmente vai ver seu post ou tuíte. No entanto, não raro às vezes ela é considerada o remédio para todos os males no que diz respeito à construção de uma marca. Quando Natalie Sisson — hoje uma empresária online bem-sucedida que ganha mais que US$250.000 por ano — pensa nos primeiros erros, esse é um dos quais se arrepende.

Há mais de uma década, quando iniciou seu negócio, ela ficou fascinada pelo cenário da mídia social emergente. "Como eu não tinha um modelo de negócios, nem renda ou salário, passava oito horas por dia apenas me comunicando com pessoas (online) e entrando em fóruns, analisando blogs, comentando sobre outros blogs e todas essas coisas que se faz", conta ela. "Era só isso que eu fazia... Gostaria de ter canalizado mais (daquela energia) para uma lista ou ofertas de e-mail."

Sisson aprendeu que, embora estar ativa online dê a *impressão* de se estar fazendo a coisa certa para seu negócio, pode não ser o bastante para você se manter financeiramente. Claro, você posta em sites, conquista seguidores e constrói uma boa reputação, e isso é importante. Mas Jenny Blake, autora de *Pivot*, gosta de estabelecer uma diferença entre atividades que geram renda direta e indireta. Ela vê muitos novos empresários dedicarem um tempo excessivo à criação de sites ou aos seguidores no Twitter, e à elaboração de seu boletim informativo ou logo.

"São medidas ótimas, porém indiretas", diz ela. Aparentemente, são produtivas e, em longo prazo, podem até ser, mas não ajudam a pagar as contas de hoje.

Michael Parrish DuDell, autor de *Shark Tank: Jump Start Your Business* (o manual de informações oficial do programa de televisão *Shark Tank*), considera a questão como uma divisão entre as preocupações de longo e curto prazo, ou o que ele chama de "mind share play" e "market share play". O primeiro — atividades como aparecer na mídia — constrói sua reputação em longo prazo. Aparecer na *Fox News* ou na *CNN* provavelmente não resultará em clientes no dia seguinte, mas aparecer em redes de televisão importantes reforça sua credibilidade. Por outro lado, o "market share play" é o que mantém seu negócio consolidado no presente. "Quando se trata de consultoria, onde talvez eu ganhe muito dinheiro, as pessoas (além do cliente) não veem o trabalho que faço", afirma ele. Para ter sucesso com o passar do tempo, você precisa dos dois tipos de atividade.

Experimente:

Ao pensar na importância real da métrica para você, pergunte-se o seguinte:

- Quanto tempo por semana ou por dia você dedica à mídia social? Qual é o retorno que espera conseguir e como você o quantifica? Vale a pena?
- Quais são seus cenários de "mind share" e "market share" pessoais? Faça uma lista de cada um. Como você aloca seu tempo? Eles estão equilibrados?

Vença a Resistência

Alguns profissionais hesitam em monetizar seu conhecimento porque temem a reação do público. De fato, as pessoas que estão habituadas a receber algo gratuitamente podem se rebelar quando você lhes pede para pagar. Foi isso que aconteceu com Andrew Warner. Empresário bem-sucedido, Warner e o irmão construíram um negócio de cartões comemorativos multimilionário online. "Eu me sentia invencível", lembra-se ele, e imaginou que o empreendimento seguinte, a tentativa de se publicar online, seria um sucesso ainda maior. Mas não funcionou dessa forma.

"Acabei gastando centenas de milhares de dólares nessa ideia que não se transformou em ouro. Transformou-se em lama", conta ele.

Em busca de respostas, ele decidiu contatar outros proprietários de negócios: "Eu disse: 'Quero aprender com o máximo possível de empresários a criar um negócio e nunca mais cometer esse erro.'" Ele gravou as entrevistas no Skype e, em 2008, lançou o *Mixergy*, um site e podcasts em vídeo em que as compilou. Durante alguns anos, ele as ofereceu gratuitamente. Mas, por fim, Warner dedicava muito tempo ao empreendimento — incluindo a contratação de pessoal para ajudá-lo a editar e realizar as pré-entrevistas com os convidados — e decidiu começar a cobrar US$25 por mês pelo acesso.

Assim que fez isso, vieram os comentários. "As pessoas postavam publicamente que eu não deveria cobrar, e me enviavam e-mails perguntando: 'O que você está fazendo?'", lembra-se ele. O feedback doeu. "Fiquei abalado por meu público não gostar de mim tanto quanto eu esperava." Mas cobrar uma taxa de acesso lhe permitiu continuar a investir tempo na criação do site, que agora contém mais de 1.200 entrevistas. "Se fizer algo importante, algumas pessoas não vão gostar de você", disse ele. "Algumas pessoas vão discordar. Isso não é um indicador de que você está no caminho errado."

Experimente:

Enquanto você se prepara psicologicamente para monetizar, vale a pena pensar no seguinte:

- Deixe claro quanto custará compartilhar seu trabalho com terceiros. As despesas para gravação e edição são elevadas? E as taxas de hospedagem de sites? E o custo de seu tempo? O primeiro passo é compreender o quanto você já desembolsa, para determinar qual seria o ponto em que despesas e receitas se equilibram.

- Pense em diversos modelos de preços para seus produtos e serviços. Você pode continuar a oferecer algum material gratuito para quem realmente não pode pagar, enquanto oferece conteúdo pago exclusivo para clientes assíduos?

- Prepare-se para as críticas. Inevitavelmente, você enfrentará alguma reação, mas não leve as exceções a sério. Se 90% de seu público estiver aborrecido, reconsidere, mas se três pessoas lhe enviam e-mails indelicados, não se preocupe com elas.

Alcance o Equilíbrio Certo

Pedir dinheiro a seu público antes de consolidar um relacionamento e adquirir confiança é se condenar ao fracasso. Mas adiar muito também é igualmente prejudicial. É importante encontrar o momento certo. "Acho que as pessoas esperam tempo demais para vender a seu público", diz Van Orden, que treinou mais de 7 mil empresários online. "Tentamos fazer com que nossos alunos ganhem o primeiro dinheiro vendendo o mais depressa possível algo que criaram. Mesmo que seja só uma venda... Sabemos que quando ganham seus primeiros US$10 ou US$100, tanto faz, sua confiança sobe às alturas."

Pode ser desconfortável — muito desconfortável — cobrar pela primeira venda. No entanto, é necessário. Michael Bungay Stanier, autor de *The Coaching Habit* e dono de uma empresa de treinamento bem-sucedida, lembra-se dos primeiros dias: "Quando iniciei a atividade de coach, prestei muitos serviços gratuitos porque só estava tentando ganhar experiência. Mas depois cobrava cerca de US$200 por quatro visitas de uma hora por mês." Logo ele se viu exausto e decidiu elevar seus preços para evitar o esgotamento.

"Estrategicamente, é uma questão de prática", diz ele, referindo-se a ficar à vontade para precificar seu trabalho. "Certa vez, alguém me disse: 'Seu preço atual deveria ser *medo mais 10%*.' Adoro isso, pois é como perguntar qual é o nível em que você está à vontade para dizer: US$1.000? Tudo bem, adicione 10%, então são US$1.100. Agora, vá e diga isso 20 vezes em frente a um espelho. Você se sentirá como um idiota, mas a verdade é que a frase vai perder parte de sua força."

Jenny Blake concorda. Você precisa desse rendimento, portanto não pode cobrar preços exorbitantes impunemente. Todavia, você pode aumentá-los lenta e continuamente até sentir que ganha o que merece. "Ainda tenho um cliente que me paga US$500 por mês porque trabalhamos juntos há muitos anos", conta ela. "Mas, na próxima vez que negociar uma venda com um cliente, serão US$850 e, na seguinte, US$1.000." Se você alcançar um nível em que os clientes comecem a resistir, pense na possibilidade de congelar ou reduzir seus honorários até criar outras fontes de renda ou melhorar sua reputação de alguma outra forma (conseguir um cliente renomado, começar a escrever para uma publicação conhecida) que justifique o preço mais elevado.

A monetização é possível até mesmo com um público reduzido. "Se você tem 100 pessoas em uma lista de e-mails, deveria vender algo para elas", diz Van Orden. "Pesquise e descubra o que é. Na verdade, você só precisa de um cliente especial para ganhar algum dinheiro. Também digo às pessoas que se criaram uma lista de e-mails com mil pessoas e não vendem nada, por certo estão perdendo dinheiro."

Quando você é claro com determinado público e lhe apresenta ofertas relevantes, ele diz que "simplesmente não há motivo para que uma lista bem direcionada de 3 mil pessoas não produza US$100.000 ou mais para alguém com seu conhecimento e ideias".

No meu caso, esperei tempo demais para começar a diversificar minhas fontes de renda e monetizar minha lista de e-mails. Durante anos, foquei quase exclusivamente na construção de minha marca (através de blogs, palestras gratuitas e publicação de livros) e ganhar dinheiro com trabalhos esporádicos em empresas (consultoria e, por fim, palestras pagas). Ganhei um bom dinheiro com isso.

Contudo, somente quando encarei seriamente a tarefa de criar uma lista de e-mails e de aumentar meu público me dei conta de quanto dinheiro perdi. Em 2015, quando comecei a compartilhar programas afiliados com meu público, ganhei US$20.000 a mais — nada mal para as poucas mensagens e webinários que ofereci durante o ano. Em 2016, ganhei bem acima de seis dígitos só com minha lista.

Você não pode começar do nada e imediatamente ganhar dezenas de milhares de dólares. Confiança é um fator essencial, e antes de qualquer ganho financeiro potencial você precisa mostrar ao seu público que é capacitado e colocar esse relacionamento em primeiro lugar.

Além do mais, Van Orden está certo. Muitos profissionais, inclusive eu, pecam por excesso de cautela e demoram demais para vender. Demoramos a oferecer nossos produtos para o público por causa de repercussões negativas e dúvidas a respeito de nossa integridade. Mas se você garantir os recursos que oferece, tal atitude será um desserviço para seu público. Isso lhe nega o acesso às ferramentas e serviços que o ajudam, e faz com que você perca a oportunidade de construir um negócio realmente sustentável.

Quando você reunir coragem para começar a monetizar sua expertise, vai querer melhorar sua reputação e seus ganhos tornando-se um coach ou consultor — o tema do próximo capítulo.

Experimente:

Agora é hora de elaborar planos mais específicos para estabelecer seus preços. Pergunte-se:

- Qual é a taxa atual cobrada por outras pessoas de seu ramo? Se não sabe, comece a pesquisar online e a perguntar aos amigos e colegas. Você não pode praticar preços justos se não souber qual é o limite.

- Com base em seu conhecimento e habilidades, como quer se posicionar? Você é um iniciante ansioso para conseguir clientes e experiência? Ou é um profissional experiente tentando expandir uma nova fonte de renda? Quando entender o setor, poderá estabelecer preços de acordo com a marca que quer criar no mercado.

- Pratique seus preços, seja em entrevistas simuladas com amigos ou no espelho. Você só conseguirá fazer com que aceitem suas taxas se acreditar que as merece.

CAPÍTULO 4

Torne-se Coach ou Consultor

Histórias sobre milionários da internet viraram folclore em nossa cultura, desse modo, pode parecer um tanto antiquado propor ganhar dinheiro com consultoria e coaching interativo. Porém, mesmo que você queira impulsionar seus talentos online, direi que, a fim de entender as necessidades de seus clientes — e de ter certeza que seus conselhos realmente funcionam —, é importante começar com atividades de consultoria tradicionais (muitas vezes, pessoalmente), seja ao trabalhar diretamente com um executivo para ajudá-lo a desenvolver habilidades de liderança, elaborar um plano de mídia social para uma empresa, assessorar uma companhia na implementação de uma política nova de RH ou qualquer outra área em que você tenha experiência.

Caso tenha iniciado sua carreira empreendedora, o coaching ou as atividades de consultoria são uma fonte de renda perfeita. Para iniciar essas atividades, não é preciso muito mais do que um teto sobre a cabeça e um laptop. Elas servem como um laboratório em que você testa e aperfeiçoa suas ideias antes de levá-las a um estágio mais avançado, ganhar mais conhecimento e cultivar um pequeno grupo de seguidores entusiasmados que ajudam a difundir sua mensagem. E, mais, você vê a influência que exerce diretamente ao oferecer ajuda pessoal a quem precisa.

Neste capítulo, vamos explorar meios de desenvolver seu trabalho inicial e divulgar seus serviços, promover o crescimento exponencial de seus contatos, fazer uma contribuição significativa, expandir sua prática, sistematizar sua abordagem, gerar renda com uma oferta de qualidade e, por fim, licenciar sua propriedade intelectual.

Desenvolva Seu Mercado Inicial

Quando Michael Parrish DuDell, autor do livro *Shark Tank*, iniciou suas atividades de consultoria, não tinha certeza se teria sucesso. O foco de seu negócio sempre foi a criação de conteúdo, mas ele nunca tinha vendido nada antes e não sabia se conseguiria. Ele definiu uma meta punitiva para si próprio: se não conseguisse fechar pelo menos um negócio em 30 dias, encerraria a empresa. "É impossível corrigir ou tentar de novo", lembra-se ele. "Se eu não conseguir, abandono o negócio e trabalho para outra pessoa. Ponto-final."

Ele sabia que aguentava e poderia crescer sob pressão, e manteve-se focado. "Acordava todos os dias com um único pensamento: 'Você tem que fechar, você tem que fechar.' No final do primeiro mês, fechei negócio com três clientes grandes. Lembro-me de quando fechei o primeiro... Tive que ficar calmo ao telefone, porque você tem que mostrar uma atitude profissional, mas assim que desliguei, só fiquei sentado ali: *Você acabou de fechar um negócio de US$25.000.*"

Naturalmente, esses negócios não se materializavam do nada. Ele teve que correr incansavelmente atrás deles e isso significou fazer algo que muitos empresários iniciantes acham aterrorizador: *insistir na venda*. "Recorri à minha rede de conhecidos e contei o que estava fazendo", diz DuDell. "Acho que isso é um problema, as pessoas não se sentem à vontade dizendo o que fazem." Elas ainda podem se sentir inseguras em relação a suas habilidades ou à área de atuação, e não querem se arriscar a ficar envergonhadas diante de amigos e colegas. Porém, essa é a única forma de começar.

A consultoria, conta DuDell, "estava ao alcance das mãos, uma atividade que eu poderia exercer com facilidade e uma pequena comprovação ao longo de minha jornada, que me ensinaria que eu poderia administrar um negócio. Não exigia nenhum capital; não exigia nenhum grande sacrifício. Eu poderia fazer isso em um lugar seguro que me daria o espaço de que eu precisava para ver se funcionava e depois seguir em frente".

Quando iniciei minha empresa de consultoria, também recorri aos meus contatos antigos. Quase sempre é dali que sairá seu primeiro negócio, pois essas pessoas gostam e confiam em você o bastante para fazer negócios, mesmo que não tenha um histórico em consultoria.

Olhando para trás, eu deveria ter feito uma lista de clientes em potencial com base na minha rede de contatos, e ligado ou enviado e-mails para eles sugerindo uma reunião para ver como poderia ajudá-los — uma abordagem semelhante à de DuDell. Contudo, mesmo com meu começo fortuito — simplesmente enviando e-mails em massa para meus contatos informando-os de que eu trabalhava por conta própria — consegui vários clientes conhecidos em dois meses.

Sem exceção, eles eram antigos colegas que agora ocupavam posições em que tinham autoridade para contratar e me beneficiei imediatamente da prova social de prestar consultoria para clientes como a *Yale University* e o *US National Park Service.*

Experimente:

Quando iniciar sua empresa de consultoria (ou atividade paralela), pergunte-se:

- Você contatou diretamente — individualmente, não por mala direta — todos os seus amigos e colegas, contou-lhes sobre seu trabalho e perguntou se conheciam alguém que poderia precisar de seus serviços? Em caso negativo, faça-o agora.

- Pense nas pessoas com quem trabalhou anteriormente e que agora podem estar trabalhando em novas empresas, ou antigos colegas ou contatos de faculdade, colégio, equipes de esporte, associações profissionais etc. Quem tem possibilidade de contratar você? Comece seus contatos aí.

Desenvolva Sua Rede de Contatos

DuDell recorreu à rede de contatos existentes para fazer negócios. Mas e se você não tiver conhecidos que o possam contratar? Uma forma é pedir a amigos (ou a amigos de amigos) que o apresentem. Esse é um caminho mais longo, porque você precisa cultivar relacionamentos com os novos contatos; é quase certo que não feche um negócio no primeiro mês, como DuDell fez quando começou. Porém, ao longo do tempo, suas novas conexões vão apresentar resultados.

Vale a pena ser específico em relação ao tipo de pessoas que você gostaria de conhecer; seus amigos precisam ser capazes de visualizar quem seria uma boa indicação para você. Por exemplo, você pode dizer: "Eu adoraria prestar consultoria para a *Google* algum dia. Você conhece alguém que trabalha lá e que possa me apresentar?" Ou pode selecionar alguns contatos, mandar e-mails e dizer aos amigos: "Estou interessado em fazer contato com algum vice-presidente de recursos humanos. Você conhece alguém nessa função?" Por fim, também pode usar o LinkedIn para maximizar esse processo; pode vasculhar os contatos de amigos para ver se lá existe uma pessoa específica a quem gostaria de ser apresentado. O nível de proximidade das pessoas com os contatos no LinkedIn varia; esteja preparado para ouvir que elas não têm contato com a pessoa ou não a conhecem bem. Contudo, se tiverem uma relação de amizade com essa pessoa em questão, talvez estejam dispostas a fazer uma apresentação pessoal.

Michael Bungay Stanier, autor de *The Coaching Habit*, não conhecia quase ninguém quando se mudou para Toronto, e pediu ajuda aos amigos. Melissa conhecia Lindsay, que conhecia David, que conhecia Nancy, executiva de RH de um banco local. Depois dessa cadeia de apresentações, Bungay Stanier convidou Nancy para assistir a um de seus workshops e, durante o almoço, ele lembra: "Ela me puxou de lado e disse: 'Brilhante. Sabe de uma coisa? Eu estava para assinar um contrato com outro profissional, mas decidi que quero você em nosso programa de coaching. Você pode disponibilizar um contrato até amanhã... (e) providenciar uma fatura de US$100.000?'" Foram "quatro graus de separação", mas o relacionamento que Bungay Stanier desenvolveu com Nancy se revelou inestimável.

E se você não tiver *nenhum* amigo ou contato que possa ser útil para seu negócio? Nesse caso, comece a ministrar palestras gratuitamente, mesmo em lugares improváveis.

Todd Herman cresceu no Oeste do Canadá e é fanático por esportes desde pequeno. Ele foi treinador voluntário de um time de futebol estudantil e, muitas vezes, falava aos alunos sobre como superar os obstáculos internos e vencer o "jogo mental". Sua abordagem tornou-se popular, de modo que os pais começaram a lhe solicitar coaching direto para os filhos. Ele gostava do trabalho e, a fim de aumentar a clientela, começou a contatar associações esportivas de jovens para ver se gostariam de tê-lo como palestrante, mas ele fazia uma exigência importante: "Vou até aí e faço a palestra gratuitamente", disse ele, "mas os pais das crianças devem estar presentes". Do contrário, ele sabia que os compradores de seus serviços nunca ouviriam sua mensagem.

Ele fazia um pedido específico para indicações de palestras: "Eu gostaria que se qualquer um de vocês tiver um filho que não esteja aqui hoje à noite, ou se tiver uma relação com outra associação ou time, viesse e falasse comigo, e eu adoraria marcar algo." Como as palestras eram gratuitas, a aceitação foi enorme: "Fiz 68 palestras em três meses", lembra-se ele.

As palestras foram uma estratégia de marketing excelente para seu negócio de coaching para jovens, porém elas também criaram outra oportunidade que ele nunca tinha imaginado: oferecer o mesmo serviço aos adultos. "Eu estava diante de pessoas que nunca teria conhecido por outro meio", diz ele. "Indivíduos realmente influentes — comecei a conversar com o dirigente de um importante time de hóquei da NHL (Liga Nacional de Hóquei), que por acaso estava lá para torcer pelo filho, que estava jogando."

Herman logo começou a prestar serviços de coaching para os jogadores da NHL, e descobriu que o prestígio lhe possibilitou ingressar em novas esferas. Jogadores profissionais renomados, entusiasmados com a tenacidade mental de seu coach, começaram a mencioná-lo para outras pessoas de seu círculo social.

As palestras dele para os grupos esportivos de jovens continuavam a gerar dividendos surpreendentes. O pai de uma jogadora de futebol se aproximou dele na segunda palestra. "Todd, adorei sua mensagem, e entendo por que este grupo ajuda minha filha", falou. Mas ele também era um representante do alto escalão do governo canadense e estava tendo problemas com outro colaborador.

"Ele está menosprezando toda a equipe de trabalho", contou o colaborador a Herman, "e estamos enfrentando sérios problemas de comunicação e liderança, além do cultural. Poderia nos visitar?" Quando Herman concordou, um ramo novo de seu negócio de coaching se iniciou, e tendo o governo canadense como seu primeiro cliente, imediatamente passou por uma prova social das mais relevantes que lhe potencializaria o trabalho com outras organizações proeminentes.

Como Herman, ofereci muitas palestras gratuitas quando comecei meu negócio — para grupos locais, a Câmara do Comércio, incubadoras sem fins lucrativos, entre outras. Não recebi por nenhuma dessas palestras; minhas recompensas eram a "exposição" e talvez alguns endereços de e-mail, se as pessoas se inscrevessem para fazer parte da minha lista. Esse é um mau negócio para palestrantes experientes, mas quando uma empresa está no começo é essencial conquistar credibilidade, ficar conhecida e fazer contatos. Se puder transformar uma palestra de uma hora em um contrato de consultoria no valor de dezenas de milhares de dólares, valerá a pena.

No Capítulo 5 discutiremos como desenvolver um negócio de palestras pagas. Porém, quando você está começando, oferecer palestras gratuitas é o meio ideal para comercializar seus serviços de coaching ou consultoria e ganhar a experiência de palco necessária para merecer ser pago no futuro.

Experimente:

Enquanto pensa em formas de expandir sua rede de contatos, pergunte-se:

- Você recorreu a amigos e colegas para saber se conhecem pessoas em sua cidade ou mercado-alvo? Verifique se estão dispostos a apresentá-lo.

- Faça uma lista de associações sem fins lucrativos, municipais ou profissionais às quais possa oferecer palestras. Se o público não for composto de compradores em potencial de seus serviços, deixe clara a intenção de atingir os compradores (como a exigência de Todd Herman de que os pais estivessem presentes em suas palestras). Contate pelo menos três dessas associações por semana.

Faça uma Contribuição Significativa

Naturalmente, uma vez que estiver dentro de uma organização como consultor ou coach, você precisará contribuir com ideias únicas. Isso, em última instância, é o que justifica seus honorários, embora às vezes possa ser difícil sentir confiança ao expressar uma perspectiva diferente ou contraditória. "No início de minha carreira", lembra a coach executiva Alisa Cohn, "sempre que eu tinha um pressentimento sobre algo, nunca o compartilhava".

Certa ocasião, uma empresa assumiu a direção de outra, e seu cliente foi convidado para gerenciá-la. Cohn relata: "Na verdade, ele estava em um beco sem saída, em que não poderia ter êxito algum, mas todos tapavam o sol com a peneira dizendo: 'Que nada, tudo vai dar certo', inclusive ele. Porém, eu não acreditei que daria certo, e não deu. Eu gostaria de ter sido mais direta e incisiva ao apresentar meu ponto de vista."

Ela aprendeu com a experiência, e hoje a franqueza é um dos pilares de seu trabalho de coaching. Ela descreve a diferença fundamental entre "questionamento" e "argumentação". Bons coaches equilibram a necessidade de extrair os fatos e a perspectiva do cliente através de perguntas (questionamentos) por intermédio do compartilhamento da própria opinião com base no conhecimento e experiência (argumentação). Alcançar o equilíbrio certo permite que você contribua genuinamente com o cliente e faz com que ele tenha o retorno do próprio dinheiro.

Assim como leva um tempo para que um músico ou escritor encontre a "voz", o mesmo ocorre com consultores e coaches. No início, você pode não ter certeza do que diferencia sua abordagem. Mas, com o tempo e a prática (é uma boa ideia fazer amizade com seus primeiros clientes cobaias não pagantes), começará a entender o que o torna único. Como Cohn, aprendi que "não se arriscar" ao guardar sua opinião, não ajuda os clientes. O motivo pelo qual eles procuram uma segunda opinião é porque provavelmente há muita gente dizendo amém na organização deles, e eles precisam de um ponto de vista diferente.

Em um caso específico, prestei consultoria a um diretor superintendente de alto escalão durante cerca de dezoito meses. No processo, chegamos a um ponto de inflexão em que ele precisava tomar as medidas necessárias e simplesmente não conseguia se decidir. Eu o pressionei durante nossa reunião e fui até mais enfática no memorando de follow-up: essa hesitação em decidir colocava tudo no que ele vinha trabalhando em risco. Foram palavras duras, e ele não respondeu a muitos de meus e-mails. Estava convencida de que não ouviria mais falar dele. Contudo, quatro meses depois, ele me procurou para trabalharmos juntos de novo.

Até então eu pensava que ele cancelaria nosso contrato porque eu não era a favor das ideias que achava que o prejudicariam. Não restam dúvidas de que alguns clientes cancelariam o contrato. No entanto, os mais esclarecidos compreendem quando alguém está disposto a lhes dizer a verdade, seja lá quais forem as consequências, e isso é exatamente o que precisam. Meu compromisso não é passar a mão na cabeça dos clientes; é ajudá-los, o que considero muito mais importante.

De fato, à medida que ganhava experiência em consultoria e coaching, eu me sentia mais à vontade para ser franca, brincar sobre situações e apenas ser eu mesma, em vez de tentar alcançar um ideal inatingível de alguma consultora que deveria imitar. Para minha surpresa — embora não devesse ter sido —, descobri que os clientes gostam de trabalhar com uma consultora que pareça real.

Em um mundo em que muitas pessoas tentam percorrer um caminho seguro, os clientes inteligentes valorizam quando são tratados com franqueza e também quando você está disposto a lidar com tópicos complicados e opiniões controversas.

Amplie Seu Negócio

Uma vez que você começou a realizar as atividades de coach e consultoria, não raro as indicações ocorrem gradativamente, igual ao que aconteceu quando os jogadores profissionais de hóquei indicaram Herman para seus amigos e colegas de time. Contudo, um bom profissional também procura de maneira proativa fontes de negócios e outros meios de transformar o contato pessoal em algo mais.

"Quando estou em uma organização", diz Cohn, "costumo falar com muitas pessoas na empresa (embora respeite a confidencialidade quando necessário). Isso me ajuda a ajudá-las, porque compreendo o que as pessoas pensam em toda a organização, e entro em contato com a cultura organizacional", e assim ela consegue fornecer conselhos mais criteriosos para os líderes seniores que a contratam.

Contudo, estabelecer conexões também atende a uma finalidade valiosa, que é a expansão tanto dos contatos como dos negócios. Cohn diz:

"Quando conheço as pessoas e passo sensação de confiança, elas falam: 'Ei, também quero (coaching).' Então elas começam a solicitar meus serviços, ou a empresa vê como posso ajudar em um contexto corporativo maior. Desse modo, amplio meu alcance dentro da organização, assim como peço indicações aos clientes dos CEOs."

Outra maneira de desenvolver seu negócio é passar a oferecer coaching em grupo. Evidentemente esse é um passo secundário: se você não consegue um cliente, terá dificuldade em conseguir dez. Mas, uma vez que tiver adquirido alguma experiência e uma base inicial de clientes, essa pode ser uma opção interessante e lucrativa.

Quando o primeiro livro de Michael Port, *Book Yourself Solid* — um manual de sucesso para coaches e consultores —, tornou-se um best-seller em 2006, ele subitamente passou a ter um novo e enorme público. Antes disso, só tinha focado atividades de coach individual; mas, agora, com 7 mil novas adesões à sua lista de e-mails apenas no dia do lançamento, ele repentinamente teve condições para criar um programa de coach em grupo.

Inicialmente, ele criou uma série de telesseminários, porque na época a maioria das conexões de internet não era robusta o suficiente para suportar os webinários em vídeo. O programa de três meses, com reuniões semanais, custava US$1.200, e a demanda era grande. "Eu tinha 50 pessoas no programa; depois, 70; e a partir daí começou a crescer", conta ele.

Ele começou a fazer experiências, e viabilizou um programa de mentoria com um ano de duração que, a princípio, custava US$8.000 por pessoa e dava direito a várias reuniões de treinamento por mês, além de retiros de três dias ao ano. Ele reuniu um grupo associado de 40 participantes, e mesmo quando aumentou o preço — primeiro para US$10.000 por ano; depois, para US$12.000 —, ainda conseguia de 150 a 250 mentorandos por ano. Mas os participantes acharam os custos de viagem altos demais e Port descobriu que realizar grandes eventos ao vivo era custoso e estressante.

Ainda que os programas sejam lucrativos e famosos, é importante questionar periodicamente seus pressupostos e explorar novos modelos que possam ser mais divertidos ou gratificantes. É por isso que, em 2015, Port mudou drasticamente o modelo de seu programa de treinamento. Ele aboliu os eventos ao vivo de muitos dias e cortou o preço por participante em seu programa de mentoria. Em vez de US$1.000 por mês, agora cobra apenas US$89; os participantes têm acesso a nove reuniões de treinamento por mês, uma realizada por Port e as demais, pelos seus associados. À época de nossa entrevista, logo após o relançamento do programa, ele estava com 500 mentorandos, e tinha planos de chegar a mil no final do ano.

Atualmente, o formato novo rende menos dinheiro do que o programa anterior. Porém, demanda menos esforço de Port e, ao longo do tempo, o preço mais baixo poderá conquistar novos participantes em número suficiente para compensar a diferença. É por esse motivo que, ao planejar seu mix de ofertas, é de suma importância avaliar a fonte de receita e seu alcance. “Ganhei mais dinheiro com menos pessoas (o programa se vende por US$12.000), mas não acho que isso seja uma coisa boa”, diz Port. “Quero que mais pessoas pelo mundo ouçam minha mensagem, e não poucas.”

Experimente:

Enquanto você pensa em como ampliar as indicações que recebe de clientes existentes, vale a pena analisar as seguintes questões:

- Você *pede* indicações específicas? Em caso negativo, contate pelo menos um cliente satisfeito esta semana e pergunte se ele conhece outras pessoas ou organizações que possam se beneficiar de sua ajuda.

- Avaliando seus clientes atuais, há outros departamentos ou filiais em que seus serviços sejam necessários? Fale com seus clientes e veja se eles estariam dispostos a apresentá-lo.

Sistematize Sua Abordagem

Você pode expandir seu negócio de coaching e consultoria procurando indicações ou buscando modelos de grupos. Mas você também pode expandi-lo sistematizando sua abordagem. Foi o que John Jantsch acabou fazendo com sua consultoria em Kansas City, embora, quando começou, em 1988, não tivesse sistema algum. "Eu diria que nem havia alguma estratégia envolvida", lembra-se ele. "Era mais ou menos algo como: 'Do que você precisa? Claro, fazemos isso.'"

Porém ele trabalhou pesado, seu negócio progrediu e, por fim — a menos que quisesse contratar mais colaboradores ou assumir mais despesas —, não pôde atender a mais clientes. Porém, isso sim era um negócio arriscado, pois ele não podia realmente aumentar os preços; os pequenos clientes que adorava ajudar muitas vezes tinham orçamentos irrisórios de marketing.

Foi então que ele começou a pensar em oferecer sua consultoria de modo mais eficiente. "É difícil comprar soluções de marketing de forma abrangente", diz ele. "Há muitas pessoas vendendo expertise em mídia social. Há pessoas vendendo SEO (otimização para mecanismos de busca), blogs e uma variedade de componentes. Mas realmente não havia ninguém que dissesse: 'Aqui está um sistema de marketing. Vamos instalá-lo.'" E se ele pudesse fazer exatamente isso?

Desse modo, ele começou a colocar no papel suas ideias sobre os princípios orientadores de marketing para pequenas empresas, coisas como "descobrir qual é seu cliente ideal, o que você pode levar de incrível para o mundo que basicamente torne a concorrência irrelevante". E, quando a base de seu sistema ficou pronta, ele ajudou as pequenas empresas a descobrirem: "Através de quais canais geraremos leads [clientes potenciais] e como vamos convertê-los?"

No início, ele enviava fichários de 200 páginas recheados de material impresso para os clientes. Não demorou muito para que o novo sistema — que ele chamou *Duct Tape Marketing* — se tornasse um sucesso, principalmente quando ele começou a compartilhar suas ideias na internet como um dos primeiros blogueiros de marketing.

Vender o *sistema*, em vez de proporcionar uma consultoria *ad hoc* isolada, foi uma revelação para Jantsch. Ele diz: "Havia certos aspectos nos quais se percebia: 'Bem, todo mundo precisa dessas coisas, e se entrarmos e fizermos nossa pesquisa (com os clientes), nosso processo de descoberta e nossa captação da mesma forma, vamos conseguir resultados melhores.' Descobri que ficamos muito mais eficientes fazendo isso e, consequentemente, lucrativos." Ele também passou para um modelo de cobrança mensal em vez prestar consultoria cobrando por hora ou projeto. Ele diz: "Ficou evidente que esse era um jeito mais estável de se trabalhar... Quanto mais eu trabalhava com um cliente, mais lucro tinha."

O sistema de Jantsch, com seu nome chamativo, também se tornou um diferencial de marca determinante. "Eles não compravam mais meu produto", conta ele, e Jantsch não tinha que competir com outros consultores de marketing. "Era o que eu queria, quero esse sistema. Quero essa abordagem. Quero essa metodologia." Hoje, a *Duct Tape Marketing* é uma marca que vale muitos milhões de dólares e uma gigante no mercado de consultoria para pequenas empresas.

Experimente:

Enquanto você pensa em como sistematizar seu negócio, pergunte-se:

- Seus últimos três ou cinco contratos de clientes apresentavam características em comum? Quais etapas você desenvolve com cada cliente?

- Anote a abordagem mais comum e padronizada de seu trabalho. Naturalmente, haverá pequenas variações para cada cliente, mas quais são os aspectos-chave que todos compartilham? Quais deles são obrigatórios para o sucesso? Eles podem se tornar a base de seu sistema.

Gere Receita com uma Oferta Especial

Quando você inicia um negócio ou empreendimento empresarial paralelo, é menos arriscado começar de forma modesta — talvez vender um curso online por US$50 ou publicar um e-book por US$2,99. Uma vez que conquiste um público, essas podem ser boas opções para ter uma renda adicional; desse modo, discutiremos a criação de cursos online em mais detalhes no Capítulo 9. Porém, é quase certo que um volume de vendas alto e preços baixos não o sustentem quando começar. Em vez disso, mire mais alto.

"Muitas pessoas pensam: 'Ah, talvez eu deva simplesmente começar com algo barato que exija pouco comprometimento, pouco envolvimento e depois subir aos poucos'", diz Selena Soo, estrategista de desenvolvimento de negócios e publicidade. "Acho que o melhor mesmo é começar com uma oferta especial." Como eu estava muito hesitante em afastar os clientes quando comecei meu negócio e não tinha certeza do quanto cobrar, segui o caminho tradicional e aceitei até mesmo projetos pequenos. Mas o caminho que Soo percorreu foi mais inteligente.

Ela começou a carreira no mundo das empresas sem fins lucrativos, ganhando US$42.000 por ano — um desafio bem caro para quem mora em Nova York.[1] Cansada da baixa remuneração e das horas exaustivas, ela se atualizou com um MBA e compreendeu, no processo, que preços mais elevados seriam seu caminho para o sucesso. Ao se formar, quando iniciou o próprio negócio, sua oferta inicial foi um programa de coach de seis meses por US$5.000. "Com um pacote de US$5.000 você pode facilmente criar um negócio de seis dígitos, porque, basicamente, só precisa de 10 clientes que paguem essa quantia e, em meio ano, você ganha US$50.000", afirma ela. "Então, você só precisa que seus clientes renovem o pacote ou encontrar novos clientes."

Isso pode parecer assustador, todavia ela já tinha tomado as medidas necessárias de antemão para expandir seus contatos e seus objetivos. Aproveitando seu conhecimento em relações públicas, ela desenvolveu relacionamentos significativos com gente influente, como os empresários Ramit Sethi e Marie Forleo, ajudando-os a ganhar publicidade. Eles, por sua vez, tornaram-se seus apoiadores, oferecendo cartas de referência e prova social (isto é, credibilidade por associação).

Tendo essas referências como ponto de partida ela também começou a redigir blogs como convidada dos figurões mais renomados no ramo e aparecer em seus podcasts, alcançando grande visibilidade. Ao recorrer ao crescente banco de dados de contatos para indicações de clientes, preencheu as vagas em seu programa. Por fim, criou um modelo ainda mais caro, um programa de mentoria anual que custa mais de US$20.000.

Seu posicionamento também levou benefícios para a marca. "Quando se tem um programa especial, você trabalha com pessoas especiais de alto poder aquisitivo", diz ela. "Essas pessoas também têm o próprio público", disseram, intrigados, aqueles que perceberam a associação com

Soo, complementando: "Você plantou essa semente, então as pessoas pensam: *Quero trabalhar com essa pessoa (Soo) algum dia.*"

Experimente:

Enquanto pensa em ingressar nas altas esferas, pergunte-se:

- Que serviço de valor elevado você tem condições reais de oferecer? Escreva uma descrição que inclua todos os detalhes. Quem é seu cliente ideal? Qual é a faixa de preço de seu serviço? O que o cliente vai receber em troca? Qual é a duração dele? Por que será chamativo? Por que eles devem escolher trabalhar com você e não com outro consultor? Responder a essas perguntas — e detectar onde estão as falhas — é um exercício muito útil para deixar claros os valores de sua proposta e a compreensão do que seu público-alvo deseja.

- Quais habilidades você tem que podem ser alavancadas para ajudar influenciadores em seu ramo? Escreva o nome de uma a três pessoas que podem realmente ajudar de alguma forma. É importante pensar com cuidado, porque algumas formas de "ajuda" são complicadas para os receptores, como escrever para eles e perguntar: "Como posso ajudá-los?", quando não sabem quem você é. Mas ajuda dirigida e de alto valor — tais como Soo gerar oportunidade de relações públicas ou Derek Halpern oferecer auditorias detalhadas no site — faz com que você se destaque na multidão.

Licencie Sua Propriedade Intelectual

Todo coach ou consultor que ficou esgotado ao prestar serviços para os clientes já se lamentou: *Por que não posso me clonar?* O licenciamento — um processo no qual terceiros pagam para usar a propriedade intelectual que você criou, como técnicas ou materiais de coaching — permite-lhe fazer exatamente isso. E só é possível depois de você conquistar um grupo significativo de clientes satisfeitos e seguidores interessados. Mas quando faz o licenciamento, as possibilidades de geração de receita são consideráveis.

Como diz o consultor Andrew Sobel, que licencia sua metodologia de vendas e geração de relacionamentos internacionalmente: "O primeiro passo é pôr seu conceito à prova com os próprios clientes. Se não construiu um negócio de consultoria pessoal significativo em torno de seu produto, falando francamente, você não criou uma atividade sólida de seis ou sete dígitos, talvez oito, e não tenho certeza se ele é licenciável."

Faz sentido: se alguém for pagar para aprender sua metodologia, vai querer uma prova de que ela funciona e é valorizada pelo mercado de modo a poder recuperar o investimento. O segundo passo, Sobel aconselha, é "começar com os próprios clientes e ver se você pode vender programas para eles", para que receba uma taxa de licenciamento sobre a propriedade intelectual e treinamento de seus instrutores. Quando você tiver esses dois pontos de comprovação, o licenciamento pode ser uma boa possibilidade para você.

Por outro lado, se preparou o terreno com antecedência, às vezes as oportunidades simplesmente aparecem. Jantsch publicou *Duct Tape Marketing* em 2007 e, em poucos anos, seus seguidores apaixonados estavam implorando pelo treinamento. Jantsch lembra-se de receber ligações de pessoas que diziam: "'Quero ser um consultor *Duct Tape Marketing.*' E eu pensava: 'Ah, acho melhor eu criar um programa de licenciamento.'"

Muito mais difícil — porém, não impossível — foi a estratégia de licenciamento de William Arruda. Arruda era gerente de marcas corporativas na IBM quando descobriu o conceito de desenvolvimento de marcas pessoais. Ele adorava seu trabalho, mas depois de ler a famosa reportagem a respeito da *Fast Company,* de Tom Peters, sobre o tema ("*The Brand Called You*", de 1997), ele se inspirou.[2]

Deixou o emprego em 2001 para se tornar coach de marcas pessoais em tempo integral e esperou os clientes aparecerem. Para sua surpresa (e crescente pavor), isso não aconteceu. "Ninguém sabia o que isso (coaching em marcas pessoais) era, e ninguém queria comprar o programa", lembra-se ele.

Porém a falta de clientes lhe deu um presente: tempo de sobra. Durante os dois primeiros anos de atividade, ele diz: "Pude pegar tudo que sabia sobre desenvolvimento de marcas, fiz milhares de pesquisas, criei uma metodologia, depois a testei gratuitamente com executivos para ver o que funcionava ou não, e então a aperfeiçoei."

Arruda descobriu que para conquistar clientes precisava criar uma conscientização geral quanto às marcas pessoais. Ele tinha um bem — sua propriedade intelectual cuidadosamente aperfeiçoada — que podia impulsionar. E se a usasse para treinar futuros instrutores em desenvolvimento de marcas pessoais? Por um lado, estava criando a própria concorrência. Por outro, porém, ansiava desesperadamente por uma comunidade com as mesmas opiniões e acreditava que como o desenvolvimento de marcas pessoais era um campo emergente, quanto mais pessoas divulgassem o conceito, melhor seria para todos. "Eu estava só", diz Arruda, "e não havia ninguém com quem conversar sobre o assunto além de mim... Pensei: 'Como convencer meus colegas?' E pensei em um programa de certificação. Ao fazer isso, ampliei a mensagem".

A maioria das pessoas sem seguidores preexistentes ou, pelo menos, sem um modelo de negócios sólido, teria dificuldades em despertar o interesse em outras com um programa de licenciamento. Mas Arruda encurtou o processo comum desenvolvendo uma metodologia completa logo no início do que viria a se tornar um campo de destaque. Ele lançou seu programa de licenciamento em 2003.

"O que fiz foi me concentrar nos 'early adopters' [os primeiros a adotar um processo ou comprar um produto] do setor empresarial", lembra-se ele. "Não eram nem coaches executivos naquela época. Na verdade, eram pessoas que costumam redigir currículos e analistas de carreira, e isso basicamente lhes dava uma ferramenta nova, um vocabulário novo e uma nova maneira de encarar o que faziam."

Iniciando um Programa de Licenciamento

Licenciar seu material é bem diferente de você fazer o trabalho por conta própria. "Foi um verdadeiro aprendizado", conta Arruda. "Um dos benefícios de se ter um programa de licenciamento é que você tem uma visão totalmente clara sobre sua metodologia, pois agora não é somente você que a utiliza. Ela precisa ser completa e fácil de usar, e você deve começar a aperfeiçoar o processo."

Contudo, não se trata apenas de aperfeiçoar as técnicas, mas também de criar uma visão de mundo compartilhada. Jantsch recomenda a qualquer pessoa que queira licenciar sua metodologia que faça questão de dar nomes originais às suas ideias, como *The Marketing Hourglass* ["Ampulheta de Marketing", em tradução livre], sua marca registrada, comumente conhecida como o "funil de marketing", que descreve o processo de como os clientes ficam sabendo a seu respeito e, por fim, compram seu produto. "Sei que isso pode parecer um clichê, e você pode estar cansado disso", admite Jantsch. Mas devagar se vai ao longe. Ele diz: "Quando as pessoas começam a ler seu material ou começam a seguir você, têm uma linguagem comum." Isso cria um senso de coesão comunitária, de ideias e valores compartilhados.

Quando decidir lançar seu programa, você precisa responder a uma pergunta crítica primeiro: sua certificação é vitalícia ou precisa ser renovada todos os anos? Port, autor de *Book Yourself Solid*, que cobra US$20.000 pela licença, adota a primeira abordagem. Sobre a renovação anual ele considerou que "as pessoas reavaliariam todos os anos se queriam ou não manter a certificação, e eu não quero isso", conta ele. "Quero ter uma comunidade de pessoas que sintam que estão ali para sempre." Todos os meses, ele realiza algum tipo de atividade de desenvolvimento para todos os licenciados, mas a participação, logicamente, é opcional.

No entanto, Jantsch e Arruda defendem a certificação anual, pois acreditam que é mais fácil atualizar os licenciados quanto às mudanças de melhores práticas e providenciar o desligamento de participantes indisciplinados que estejam prejudicando a marca. Jantsch, por exemplo, cobra US$10.000 pela certificação inicial e uma taxa anual de renovação da certificação de US$2.500 depois disso, que inclui treinamento e acesso à comunidade contínuos. "É como fazer parte de uma associação", diz ele. O processo de renovação da certificação — submeter amostras de trabalhos realizados com um cliente naquele ano para avaliação — não é muito oneroso, ele diz, mas é o bastante para mostrar que eles levam o controle de qualidade a sério.

Lembre-se de que seu programa de licenciamento provavelmente mudará e evoluirá ao longo do tempo. Arruda começou licenciando 5 pessoas por vez; em 2015, certificou 192 pessoas, e mais de mil foram licenciadas desde o início do programa. Não se pode saber com antecedência de quais informações seus licenciados precisam mais, quais perguntas terão ou quais dificuldades enfrentarão. "Não creio que haja uma forma de dizer com precisão: 'Aqui está. Está pronto. É perfeito'", diz Jantsch.

Em vez disso, "desenvolva o licenciamento com algumas pessoas que são candidatas prováveis a comprá-lo", diz Jantsch. "Deixe-as ser parte do desenvolvimento. Deixe que o comprem por um preço reduzido, desde que lhes deem uma série de feedbacks."

Em outras palavras, supervisione seu programa de licenciamento antes de ir mais a fundo e certifique-se de criar um produto que o mercado realmente queira. Nesse caso, o licenciamento pode ser uma forma agradável e lucrativa de disseminar suas ideias. "A mensagem é reforçada pelo número de pessoas, as que certificamos e todas que ela atinge", diz Arruda. "Isso é muito valioso, algo que nunca se conseguiria fazer sozinho."

Administrando os Riscos

Quando se trata de licenciados que ostentam seu selo oficial de aprovação, sua reputação está em jogo. E se alguém for desonesto e deturpar seu método (potencialmente desvirtuado)? E se deturpar ou mutilar sua metodologia? E se alguém tratar mal os clientes e isso se refletir em você? Essas preocupações são válidas, mas chega um ponto, diz Port, que você tem que parar de intervir.

Port começou a certificar consultores em sua metodologia do *Book Yourself Solid* em 2009. "As pessoas diziam: 'Bem, você não está preocupado de isso enfraquecer sua marca?' No início, eu dizia: 'Sim, é claro que me preocupo com isso.' Depois, pensei: 'Espere um minuto, as pessoas já estão usando meu produto. Por que não devo ser pago por isso? Elas já o estão ensinando, então posso muito bem treinar pessoas para fazê-lo direito e assim representar a marca pelo mundo afora da maneira adequada.'"

Da mesma forma, Jantsch se rendeu ao fato de que tudo o que pode fazer é oferecer treinamento de qualidade à sua rede de mais de 110 licenciados; ele não pode controlar tudo. "Há limites para o que você pode fazer, a menos que queira se tornar apenas uma organização de fiscalização."

Uma das formas como ele evita problemas em potencial é criando uma comunidade de licenciados robusta que proporcione apoio mútuo e estabeleça normas de grupo. "Realizamos reuniões anuais da rede", diz ele. "Fazemos reuniões bimestrais sobre temas específicos que acho que precisam conhecer. Minha abordagem sempre foi: *Continue treinando, continue cultivando o relacionamento.* Mantenha os membros da rede próximos e isso provavelmente reduzirá um pouco o risco de alguém simplesmente a) o enganar ou b) causar danos à marca."

Um programa de coaching ou consultoria como os descritos neste capítulo oferece uma boa maneira de gerar renda e formar sua base de seguidores. É aí que você encontrará meios para expandir e alcançar outras esferas, tais como ministrar palestras profissionais remuneradas.

Experimente:

Se tiver um fluxo de pessoas interessadas em aprender sua metodologia, pode ser hora de lançar um programa de licenciamento. Pense em:

- Quais são as etapas de seu processo? Divida-os em módulos pequenos e independentes, preferivelmente com nomes originais e marcantes que serão associados a você e a seu método.

- Qual é a melhor forma de transmitir esse conhecimento? Você fará o treinamento todo online ou vai haver algum encontro presencial? Como isso será estruturado? Um treinamento intensivo de uma semana ou fim de semana? Múltiplas sessões ao longo de um ano? Como será sua versão de educação continuada?

- Quanto você cobrará por certificação? Ela será vitalícia ou haverá uma taxa anual de renovação? Como você vai verificar quem ainda respeita (ou não) seu método?

CAPÍTULO 5

Monte uma Empresa de Palestras

Eu sabia que precisava desenvolver minha empresa de consultoria, e ministrar palestras parecia um jeito ótimo de fazê-lo. Eu ficava à vontade no palco e gostava de interagir com o público. No início de minha carreira, eu me oferecia para palestrar gratuitamente para quase todo grupo que me aceitasse. Óbvio que eu tinha metas ousadas — como uma Câmara do Comércio local que realizava cafés da manhã regularmente de que participavam centenas de líderes empresariais. Se ao menos conseguisse me apresentar diante desse grupo, eu pensava. Assim, preparei um belo pacote de informações — uma pasta com minha biografia, informações sobre minhas palestras e um DVD filmado e editado por um profissional a quem paguei mais de US$1.000.

Liguei para a câmara duas semanas depois a fim de verificar se tinham recebido o pacote e, para minha surpresa, não. Devia ter se extraviado. Desse modo, eu o montei de novo e reenviei. Na ligação de follow-up seguinte, fiquei sabendo o que aconteceu. "Não, não o recebemos", declarou um assistente. "Você não pode o mandar de novo?" Era uma ladainha — recitada pelos colaboradores para pessoas de quem nunca tinham ouvido falar e que pareciam insignificantes demais até para serem levadas a sério. O colaborador simplesmente jogara minha pasta fora.

Nesse dia, aprendi algumas lições valiosas. Primeiro, que eu tinha que me tornar mais conhecida de alguma forma para nunca mais ser descartada desse jeito. E, segundo, comecei a entender o que passei a chamar de a Lei de Clark para Palestrantes Profissionais:

1. No início, ninguém está interessado em ouvir você.
2. Depois, eles ficam interessados, caso você palestre de graça.
3. Então, ficam interessados se você cobrar pouco.
4. E, por fim, têm a intenção de contratar e pagar o que você vale.

Se pretende abrir uma empresa de palestras pagas bem-sucedida, é essencial que compreenda em que ponto está nesse processo, a fim de mensurar suas atividades e preços da melhor maneira. No caso do grupo da Câmara do Comércio, obviamente eu estava na etapa 1.

Ao longo dos anos, eu me comprometi a construir minha marca para atingir um nível mais elevado. Neste capítulo, vamos ver algumas das coisas que aprendi com a experiência e com outros palestrantes profissionais que entrevistei, incluindo os pormenores de encontrar os primeiros trabalhos; os benefícios de se palestrar de graça; decidir quando cobrar e quanto; como dominar o marketing tradicional; e como expandir sua rede de contatos e monetizá-la de outras formas.

Encontre Seus Primeiros Trabalhos como Palestrante

Falo muito com pessoas que estão começando a carreira de palestrante. Quase sempre, uma de suas primeiras perguntas é como encontrar uma agência de palestrantes para ajudá-las a agendar palestras. Infelizmente, essa é a pergunta errada.

Geralmente, uma agência de palestrantes — que tem um banco de dados dos palestrantes que representa, alguns exclusivos e outros, não — é contratada por corporações ou associações para ajudá-los a encontrar e agendar palestrantes para eventos. Trabalhei com algumas e elas podem ser úteis. Contudo, a verdade é a seguinte: até que gere lucro, eles não têm o menor interesse em você. Sua folha de pagamento é baseada em comissões (muitas vezes, polpudos 25%) agendando as Hillary Clintons e Colin Powells do mundo, não marcando uma palestra sua de US$5.000.

Alguns novatos veem as agências como uma solução milagrosa — que, assim que você é escolhido para ser representado (o que significa que sua foto é colocada no site), as oportunidades vão cair em seu colo como que por mágica. Isso simplesmente não acontece. Mesmo que consiga trabalhar com as agências, até atingir certo patamar de preço e popularidade, elas não vão gastar nenhuma energia divulgando você. Todas as minhas negociações com agências vieram de seus clientes perguntando: "Você pode me conseguir Dorie Clark?" e elas respondendo: "Claro." Elas encontraram meu site e me enviaram um e-mail, arranjaram o contrato e ganharam alguns milhares de dólares de comissão do cliente por alguns minutos de esforço. Nada mal, se você o conseguir.

Resumindo, encontrar uma agência não deve ser sua preocupação principal no início. Somente ao ministrar palestras que você começará a conquistar um número de seguidores significativo para que as agências se interessem, caso queira trabalhar com alguma delas um dia. Os bancos só vão querer lhe emprestar dinheiro quando você não precisar e, da mesma forma, agências de palestrantes só vão querer trabalhar com você quando tiver um canal de marketing sólido o bastante para contratar serviços sem a ajuda delas.

Logo, se uma agência de palestrantes não o ajudará a encontrar seus primeiros trabalhos, como encontrá-los por conta própria? A resposta é: você não os encontrará. Na verdade, você ganha muito mais prestígio evitando se divulgar como palestrante. Como Michael Parrish DuDell observou, o simples ato de se divulgar reduz sua credibilidade.

"Parte do fascínio de se contratar um palestrante conhecido reside no fato de ele já ser consagrado em sua área", diz ele. "Ao se vender e apresentar-se como palestrante, você subestima o valor de seu negócio. Isso é retrógrado e insano, mas é a realidade." Ele descobriu que o marketing tradicional é totalmente ineficaz e parou de tentar anos atrás.

Em vez disso, o segredo está em usar "técnicas de inbound marketing" [também chamado de "marketing de atração"] — isto é, atrair clientes em potencial. Você pode fazer isso de duas maneiras. Primeiro, pedir aos contatos que já conhece e que gostam de você que o recomendem como palestrante. Por exemplo, um cliente o recomenda como palestrante na associação profissional de que faz parte, ou um amigo que palestrou na conferência do ano anterior o indica para os organizadores.

Segundo, você pode elaborar um conteúdo que atrairá clientes em potencial. Por exemplo, certa vez escrevi um post em um blog para a *Harvard Business Review* sobre como planejar seu desenvolvimento profissional no ano. Esse artigo chamou a atenção de uma associação, que perguntou se eu poderia fazer um webinário (pago) sobre o tema, que realizei ao vivo para mais de 600 participantes, expondo-me a um público totalmente novo.

Porém, na maioria das vezes, seu primeiro trabalho de palestrante será gratuito. Os palestrantes que entrevistei falaram sobre a importância de falar de graça — e muito — no começo para que se crie um impulso inicial e um público expressivo que o tenha visto em ação.

Experimente:

À medida que trabalha para conseguir seus primeiros trabalhos como palestrante, lembre-se do seguinte:

- Faça uma lista de clientes que adoram seu trabalho. Contate-os e pergunte se estão envolvidos com associações profissionais que o possam indicar, ou se participam de conferências cujos organizadores conhecem. Eles podem estar dispostos a falar bem de você.

- Se tem amigos ou colegas palestrantes, pergunte se têm eventos agendados nos quais você talvez possa se encaixar. Seja cauteloso, pois eles arriscarão sua reputação por você. Só contate pessoas próximas e esteja preparado a lhes oferecer um vídeo para que avaliem suas habilidades como orador se ainda não o viram no palco.

- Faça uma lista de blogs para os quais poderia escrever e que estejam associados a suas palestras. A meta é criar um canal de marketing no qual seu conteúdo atraia clientes interessados que vão procurá-lo e perguntar: "Você poderia falar para nosso grupo sobre tal assunto?"

Fale de Graça

No início, ministrar palestras de graça é uma estratégia perfeitamente aceitável. Você pratica e aperfeiçoa suas habilidades ao mesmo tempo em que se expõe a públicos que podem querer contratá-lo para eventos futuros. "No início, falei em troca de leads", lembra John Jantsch, da *Duct Tape Marketing*. "Eu aceitava convites de qualquer grupo que me chamava se achasse que havia clientes em potencial ali, e lhes proporcionava uma grande experiência educacional. De fato, uma ou duas pessoas vinham e diziam: 'Podemos conversar sobre como contratá-lo?' Para mim, essa era a recompensa." Na opinião dele, se conseguisse fechar serviços de consultoria, a palestra por si só já não era mais gratuita. "Com os contratos que se originariam dali, ela poderia ser considerada uma palestra de US$100.000."

Dan Schawbel, autor de *Promote Yourself*, lembra-se de uma de suas primeiras palestras gratuitas em uma faculdade de Massachusetts. Cerca de três anos depois, uma das participantes — que tinha se formado — conseguiu um emprego em uma empresa de tecnologia que precisava de um palestrante. Ela se lembrou da palestra de Schawbel e sugeriu contratá-lo. Ele ganhou cerca de US$6.000, na qual seria sua primeira palestra paga.

Ao avaliar as oportunidades de proferir palestras gratuitas, defina os critérios que são importantes para você. Talvez você queira ganhar experiência ao palestrar diante de um grupo, e ponto-final, caso em que pode valer a pena dizer sim a todos. Na hipótese de seu tempo ser limitado, você pode traçar outras estratégias que podem ajudar.

"Você pode conseguir muitas coisas sem valor monetário", diz William Arruda, palestrante sobre marcas pessoais. "Convide o chefe do RH para o evento ou leve seus conhecidos da imprensa. Peça a alguém para gravar um vídeo que você possa usar mais tarde. Ou consiga alguém para tuitar ao vivo durante seu evento para que você divulgue sua marca. Até mesmo para aquelas (palestras) que você não for pago, encontre cinco formas de conseguir algo realmente valioso." Pode ser a exposição a clientes em potencial, como Jantsch descreveu, cartas de referência ou recomendação, a oportunidade de visitar um lugar especial ou interagir com pessoas especializadas no ramo.

Se realizar palestras sem cobrar ou por um preço baixo, você pode ao menos pedir o reembolso das despesas de viagem — e, se isso for negado, pode decidir se o trabalho ainda vale a pena. O palestrante profissional Grant Baldwin às vezes pergunta se os organizadores pagarão para que seus familiares o acompanhem na viagem. Certa vez, ele palestrou por honorários reduzidos em uma conferência em um resort familiar "porque conseguimos tirar férias em família e minhas meninas puderam brincar em um parque aquático fantástico... O pagamento pôde ser menor, mas ainda valeu a pena".

Muito ocasionalmente aceito participar de um evento apenas porque encontrarei amigos que também estão no circuito de palestras. Por exemplo, aceitei palestrar no *Social Media Marketing World*, uma conferência anual em San Diego, apesar do fato de terem coberto apenas minhas despesas de hotel (tive até que pagar a passagem de avião); mas os organizadores tinham reunido um grupo tão fantástico de palestrantes que fiquei satisfeita em ir e ver velhos amigos, como os autores Michael Port e Mitch Joel. Também conheci colegas com quem falava há muito tempo pela internet, mas que nunca tinha tido a chance de conhecer pessoalmente, como os autores Mark Schaefer e Joel Comm, e o podcaster John Lee Dumas. Tudo isso fez o evento valer a pena para mim.

Falando claramente, mesmo que você realize palestras de graça, encontrar trabalho raramente é um processo rápido; leva-se tempo para construir sua marca no circuito de palestrantes. Mas, por fim, as indicações advindas de suas palestras gratuitas e consultas que recebe por causa de seu conteúdo começarão a lhe render frutos. Seu nome será reconhecido e então você começará a conseguir suas primeiras palestras remuneradas.

Experimente:

Quando estiver começando seu negócio de palestras, pergunte-se:

- O que compensaria para você palestrar gratuitamente em um evento? Faça uma lista de pelo menos meia dúzia de benefícios que você conseguiria com ela (contatar pessoas influentes, cartas de recomendação etc.). Pense de forma criativa.

Quando Cobrar

A transição entre palestrar gratuitamente e começar a realizar palestras remuneradas é um desafio. É uma adaptação psicológica (talvez você ache difícil dizer, impassível, que cobra milhares de dólares a hora). E as pessoas que o contrataram gratuitamente no passado podem não estar dispostas a começar a pagá-lo; provavelmente, você vai precisar conquistar novos clientes com orçamentos disponíveis. Para mim, o fator mais importante de se passar a palestrar gratuitamente para começar a ministrar palestras remuneradas foi a publicação do meu livro, *Reinventing You*, em 2013, que melhorou minha imagem e me proporcionou um nível adicional de credibilidade. Antes disso, eu nunca tinha recebido mais do que um valor simbólico de poucas centenas de dólares para ministrar uma palestra. Depois da publicação do livro, comecei a receber mais solicitações de orçamento.

Contudo, embora eu tivesse escrito um livro, ainda não me ocorria que as pessoas estariam dispostas a me pagar. No passado, muitas vezes nem sequer perguntava e já presumia que o trabalho seria gratuito. E não foi nenhuma surpresa constatar que os organizadores dos eventos deixassem que eu pensasse desse jeito.

O que finalmente fez com que eu mudasse de comportamento e começasse a cobrar foi algo bem simples, mas poderoso: a inconveniência. Um pouco antes do lançamento do meu livro, fui abordada por uma associação profissional nacional que realizava sua conferência anual. Um colega envolvido com a associação havia me recomendado e eles queriam saber se eu estaria disposta a ser a palestrante principal. Parecia uma grande oportunidade e eu estava interessada, mas a data era extremamente inconveniente para mim. Teoricamente, eu *poderia* palestrar naquele dia, mas a viagem e a logística eram caras demais.

Desse modo, a fim de realizar uma análise de custo-benefício, escrevi e perguntei sobre o orçamento. "Somos uma organização sem fins lucrativos", disseram os organizadores, "então não temos um 'orçamento' para palestrantes". Naturalmente, quase todas as associações são sem fins lucrativos, e algumas são bem grandes. E — sei agora — é um absurdo que eles não tivessem um orçamento para o palestrante principal para uma convenção nacional com quase 3 mil pessoas. Mas na época eu era novata, e muitas organizações tentam chorar miséria quando o assunto é preço. Normalmente, eu teria acatado as palavras deles e aceitado palestrar de graça. Mas aquilo era simplesmente uma baita inconveniência. Escrevi a eles e, com muito pesar, disse que não poderia ministrar a palestra de graça.

E, *voilà*! Como em um passe de mágica, o problema desapareceu. Os organizadores responderam quase imediatamente: será que eu poderia fazer a palestra por US$5.000? Fiquei perplexa; realmente acreditei neles quando disseram não terem dinheiro. A facilidade em negociar foi uma revelação — e olhem que não era isso que eu pretendia fazer — um aumento instantâneo de US$5.000 em meu favor. Eu nunca tinha recebido tanto dinheiro por uma palestra; concordei de imediato, porque a inconveniência da viagem definitivamente valia US$5.000 para mim.

Essa experiência me deu a confiança para começar a cobrar por meus serviços, e agora cobro US$20.000 por palestra. Naturalmente, dizem que autores de best-sellers de longa data como Malcolm Gladwell recebem até US$80.000 por palestra, e celebridades mundiais ganham muito mais (como a famosa palestra de US$225.000 que Hillary Clinton realizou para o Goldman Sachs). Porém, essa ainda é uma atividade altamente lucrativa, que me proporciona belos seis dígitos por ano para realizar um trabalho de que gosto.

Saiba Quanto Cobrar

Veja abaixo algumas regras gerais:

- Palestrantes novatos podem ganhar de US$500 a US$2.500 por palestra.

- Palestrantes iniciantes ou que estão consolidando sua marca com um livro, de US$5.000 a US$10.000.

- Os que publicaram livros ou outra forma de "prova social", entre US$10.000 e US$20.000.

- Os que são muito conhecidos em seu campo, como autores de best-sellers, de US$20.000 a US$35.000 por palestra.

Celebridades e nomes conhecidos fazem parte de uma estratosfera totalmente diferente, ganhando de US$50.000 a US$300.000 por palestra. Se você está nessa categoria, largue este livro imediatamente, ligue para uma agência de palestras, diga que o indiquei, e me mande uma comissão.

Porém, as circunstâncias variam até mesmo para os profissionais com preços consolidados. As associações sem fins lucrativos — apesar das alegações da que tentou me enganar — têm dinheiro. Entretanto, na maioria das vezes, é bem menos do que as corporações têm a seu dispor. As associações de âmbito estadual ou regional operam com orçamentos mais limitados do que as de âmbito nacional, por exemplo. Por essa razão, é importante, quando estiver começando a reunir informações sobre o pedido delas, descobrir respostas para perguntas como:

- Quantas pessoas devem assistir à palestra?
- Em geral, quem serão os ouvintes (título, nível de senioridade)?
- Onde será realizada?
- Qual é o contexto do evento (conferência, desenvolvimento profissional interno, evento de agradecimento ao cliente etc.)?
- Será uma palestra principal (geralmente de 45 a 60 minutos) ou sessões divididas em grupo?

Isso basicamente o ajudará a determinar a importância do evento e você terá noção do quanto sua participação será valorizada. Quanto maior o destaque — se for para centenas de executivos seniores em um resort em Aspen, por exemplo —, maior será o orçamento disponível deles. Entretanto, se for um "almoço com aprendizado" para uma dúzia de estagiários da empresa, talvez não estejam mentindo caso afirmem que só têm US$500 para gastar. Se a oferta estiver abaixo do que está acostumado a receber ou do que gostaria de ganhar, você terá que decidir — com base em alguns dos fatores identificados anteriormente em relação às palestras gratuitas — se está disposto a aceitar um preço menor. Às vezes a exposição ou outros benefícios realmente valem a pena. Outras vezes assuma uma posição firme. Caso a perspectiva de pegar três voos para ganhar US$750 em algum lugar distante lhe dê vontade de chorar, não vá. Só aceite ministrar palestras quando se sentir entusiasmado com a oportunidade.

Lembre, também, que apesar das elevadas taxas por hora, no caso da maioria dos profissionais, as palestras não o deixarão rico. "Acho que 95% de todos os palestrantes profissionais ganham menos de US$10.000 por palestra", calcula o palestrante Chris Widener. "Eu diria que o ganho médio é de US$6.000, mais ou menos — provavelmente de US$4.500 a US$7.500."[1] Porém, quando combinadas com outras formas de geração de renda, seja ao prestar consultoria ou vender livros e DVDs, elas podem se tornar parte significativa de sua carreira de portfólio.

Experimente:

Quando você começar a se sentir à vontade para cobrar por suas palestras, lembre-se:

- Quando alguém o convidar para realizar uma palestra, *sempre* pergunte: "Qual é seu orçamento para palestras?" Talvez eles não tenham um, porém ao menos você saberá a resposta e poderá tomar uma decisão consciente sobre se gostaria de participar do evento ou não.

- Tenha um valor em mente para seu preço desejado, com base em seu nível de experiência e na proeminência de sua marca. Quando conhecer outros palestrantes (dê uma olhada em grupos como a Sociedade Brasileira de Palestrantes), verá o que os outros estão cobrando e ajustará seu preço de acordo.

Domine o Marketing Tradicional

Quando começar a realizar palestras remuneradas, há duas ferramentas iniciais para ganhar a credibilidade de que você precisa a fim de atrair negócios: um site e um vídeo de demonstração. Uma vez que você os disponibilizar, poderá pensar em se apresentar ativamente aos clientes em potencial e vender seu produto. Isso é "marketing tradicional", e, como eu disse, a princípio, raramente funciona. Mas não é impossível.

Grant Baldwin, que ganhou mais de um milhão de dólares diretamente com suas palestras profissionais e ministrou mais de 450 palestras, adotou essa abordagem no início de sua carreira. Ele começou filmando seu vídeo de demonstração "em uma sala escura com apenas uma pequena câmera de mão", que ele instalou em um canto.

No meu caso, paguei um profissional para filmar uma palestra que fiz (de graça) em uma faculdade local. A iluminação era ótima, mas o operador de câmera não era o melhor no quesito espacial: quase todas as cenas que ele gravou tinham como fundo a mesa de lanche que os alunos tinham preparado, então parecia que eu estava falando em uma mesa vendendo bolos. Todavia, foi um começo. Com o passar do tempo, comecei a palestrar para corporações que queriam gravar os eventos; eu sempre concordava, contanto que pudesse ter uma cópia para meu uso pessoal, e esses se tornaram meus novos cartões de visita.

Munido com um site e um vídeo, você está pronto — caso queira — para contatar seus possíveis clientes. Fiz algumas tentativas desinteressadas com a Câmara do Comércio e desisti, insatisfeita. Mas Baldwin descobriu como fazer a coisa funcionar, mesmo sem um best-seller ou credenciais importantes. No começo, ele diz: "Parece marketing de guerrilha." Baldwin palestrava para alunos do ensino médio e universitários por pouco ou nenhum dinheiro, e queria conquistar o público corporativo, porém ele tinha poucos contatos. Assim, recorreu ao Google, procurando palavras como "conferência do setor imobiliário" e "conferência de corretores de imóveis". Você encontra reuniões e conferências de associações profissionais de praticamente qualquer segmento de atividade econômica.

Baldwin aconselha a procurar contatos *in loco*, como ele fez. Ele sabia que, sem uma marca forte, não teria chance em âmbito nacional. Mas ele poderia tentar a sorte com alguém que organizasse conferências locais ou estaduais. "Eu me lembro nitidamente de ter imprimido uma lista de todos os 50 estados e feito uma lista de todas as diferentes associações e conferências que existiam", conta ele. Desse modo, ele encontrava o contato do diretor executivo online e lhe enviava um pedido de informações.

"Na época, eu tinha um banco de dados com uns 800 contatos, e tentava lhes enviar e-mails uma ou duas vezes por ano", conta ele. "Eu não queria enviar spams, não queria nem aborrecer nem persegui-los." Baldwin diz que muitos palestrantes novatos encontram uma conferência promissora e começam a enviar e-mails não solicitados que são uma série de páginas sobre como eles são maravilhosos e por que fariam uma boa palestra, com um link para seu site e vídeo no final. Baldwin aconselha: "Não façam isso."

Em vez disso, adotou duas estratégias importantes: preferiu ser breve nos e-mails e certificou-se de fazer um follow-up mais tarde.

"Muitas vezes, minha única meta era fazê-los responder", diz ele. Ele escrevia algo nos moldes de "Ei, Dorie. Acabo de saber sobre sua Conferência no Conselho de Alunos de Nova York, em novembro. Parece incrível. Estou curioso para saber se você já começou a selecionar os palestrantes. Obrigado, Grant". Ele não se promovia, tampouco enviava um link para seu vídeo: só se apresentava. Muitas vezes, isso dava início a um diálogo ou o destinatário tomava a iniciativa de conferir seu site.

No mínimo o destinatário respondia à sua pergunta e o informava que planejava começar a selecionar os palestrantes durante as próximas semanas ou meses. Ele anotava em seu calendário e acompanhava quando entraria em contato — uma estratégia que, pasmem, poucas pessoas usam. Consequentemente, isso lhe dava uma vantagem fundamental. "Se alguém planeja realizar uma conferência estadual que ocorre uma vez por ano, há uma pequena janela de 365 dias para que eles encontrem um palestrante", diz ele. "Se você não acompanhar essa janela de ambos os lados, ficará fora até o ano seguinte. É só tentar abordá-los no momento certo." Ao estabelecer uma pequena interação inicial positiva — e em seguida demonstrar tanto cautela quanto confiabilidade fazendo o follow-up — Baldwin se destacava.

A porcentagem de respostas de Baldwin ainda não era boa. "Se enviar 100 e-mails às pessoas, pode receber uma resposta de cinco delas e, dessas cinco, talvez você feche contrato com uma ou duas", diz ele. Mas esses são trabalhos que ele não teria conseguido de outra forma, e que deram um empurrão inicial importante à sua carreira de palestrante. Como resultado, ele conseguiu aumentar seus preços, e agora se dá ao luxo de trabalhar em um ritmo menos frenético. "Há dois anos, participei de 67 eventos e, no ano passado, de 21", contou. "Este ano, provavelmente participarei de 10... Sou casado, tenho três filhinhas, então quero passar mais tempo em casa." Quando você constrói alicerces sólidos, tem a flexibilidade de fazer escolhas desse tipo.

Experimente:

Enquanto pensa em estratégias de marketing e atração e tradicionais, pergunte-se:

- Quais técnicas você usará para os organizadores de eventos o procurarem (blogs, participação em podcasts, indicações de colegas etc.)? Faça uma lista de pelo menos duas táticas específicas que pretende implementar nos próximos três meses.

- Identifique seus alvos. Crie uma lista de pelo menos cinco conferências em que você gostaria de participar como palestrante. Procure as informações de contato do presidente do evento online e, na próxima semana, envie uma breve apresentação por e-mail. Faça isso semanalmente.

Expanda Sua Rede de Contatos e Monetize de Outras Maneiras

Um dos maiores desafios do mundo das palestras é o fato de que, mesmo que você tenha feito um trabalho incrível, provavelmente não será contratado de novo, pelo menos por alguns anos, porque há uma constante procura por "novos pontos de vista" e "gente nova".

Por esse motivo, uma das melhores coisas que você pode fazer é estreitar o relacionamento com os outros palestrantes, que podem lhe passar informações valiosas a respeito dos preços praticados nas diversas conferências e também recomendá-lo aos responsáveis pelas tomadas de decisão. Meu amigo Mike Michalowicz, autor de *Profit First and Surge*, criou um grupo de indicação de palestrantes ao qual me convidou a participar. Como resultado dos contatos que fiz, consegui trabalhos remunerados em Porto Rico e na Eslováquia, e também repassei as oportunidades para muitos outros membros.

Além de atingir mais pessoas e fechar mais negócios por meio de indicações, você também pode, pensando criativamente, se aprofundar mais e ganhar mais dinheiro com cada evento. Quando começou seu negócio de palestras, Baldwin cobrava um preço diário de US$1.500, e muitas vezes ministrava duas ou três palestras naquele dia para diferentes grupos de participantes. Como já estava no local, ele percebeu que não seria muito esforço realizar uma segunda ou terceira palestra. Ele também sabia que isso seria de grande ajuda para seus canais de indicações se pudesse ficar diante de mais clientes em potencial. E, fundamentalmente, esse planejamento lhe permitiu cobrar mais que os US$500 ou US$1.000 que normalmente receberia na época por apenas uma palestra.

Baldwin também é adepto da identificação de fontes de renda alternativas relacionadas ao evento de palestras contratado (com a permissão da organização, naturalmente). Isso é sobretudo vantajoso caso você palestre gratuitamente ou por um preço reduzido. Por exemplo, ele publicou de forma independente um livro a que faz alusão nas palestras e, na maioria das vezes, consegue vendê-lo no fundo da sala depois. "Vendemos mais de 30 mil exemplares e 95% resultaram das palestras", conta ele.

Da mesma forma, o palestrante Chris Widener disse em uma entrevista para a *Forbes* que quando palestra de graça em determinadas conferências, elabora um formulário de pedidos de uma página para seus inúmeros produtos, como DVDs e livros, e pede aos organizadores para deixarem uma cópia no assento de todos.[2] "Quando faltam cerca de dez minutos para o final da palestra, digo: 'Gostaria que vissem um material muito bom; vocês só precisam preencher o formulário e devolver para mim no final. O material será enviado a vocês dentro de uma semana.'" Ele diz que de 20% a 35% do público costuma fazer uma compra. "Falei para 3 mil pessoas e vendi US$140.000 em produtos depois de uma palestra." É claro que apresentar um produto e vendê-lo no fundo da sala geralmente não é aceito se você fala para um público corporativo; você precisa entender o que é adequado nesse local. Mas sempre ajuda, pelo menos, pensar em possibilidades não tradicionais para monetizar em suas palestras.

Isso porque palestrar — embora seja uma maneira ótima de ganhar a vida para quem gosta — nem sempre é a fonte de renda mais confiável ou previsível. Principalmente durante recessões, as empresas sempre reduzem o número de conferências e dos palestrantes. E o trabalho é sazonal; eu, por exemplo, viajo quase sem parar durante a "alta temporada" de conferências, na primavera e no outono, e os negócios diminuem drasticamente nos outros períodos do ano. Além disso, como há um excesso de concorrência gratuita, destacar-se e construir sua marca é um processo longo e lento (lembre-se do fato de que Schawbel fez três anos de palestras gratuitas até ministrar a primeira remunerada).

Finalmente, devido ao longo tempo entre o planejamento e a execução das conferências, mesmo quando sua empresa de palestras ganhar força, você não pode abandonar outras fontes de renda. "Se eu marcar um evento agora que ocorrerá daqui a nove meses, será ótimo, mas ainda tenho contas para pagar hoje", argumenta Baldwin. "Leva tempo para preencher sua agenda a fim de equilibrar os ciclos de fluxo de caixa de um modo que funcione para você." Enquanto começava sua empresa de palestras, ele trabalhava como garçom em um restaurante, como vendedor de uma companhia de seguros etc. À medida que a empresa evoluía e fechava mais contratos, aos poucos ele deixou os empregos temporários.

Quando você começar a montar sua empresa de palestras, é essencial aumentar seu público e conseguir mais leads. Participar de podcasts, o tema do próximo capítulo, é uma das melhores formas de fazer isso.

Experimente:

Se estiver iniciando sua carreira de palestrante, foque primeiro o agendamento de serviços. Porém, não faz mal começar a pensar em fontes de renda alternativas para o futuro. Pergunte-se:

- Quais produtos, como livros ou kits de aprendizagem em áudio, você pode criar para complementar suas palestras? Quais aspectos de sua palestra interessam mais ao público, e como eles poderiam se beneficiar indo mais além?

- Comece a fazer uma pesquisa preliminar. Se fosse publicar um livro de exercícios de forma independente ou criar um vídeo com um curso de treinamento, de que recursos (incluindo tempo, dinheiro e equipamento) precisaria? Pergunte a colegas e procure artigos de referência online. É útil compreender o que pode ser possível no futuro, portanto comece dando os primeiros passos, como gravar palestras para uso futuro em módulos de treinamento.

CAPÍTULO 6

Conquiste Seguidores Através de Podcasts

Quando o podcast foi inventado, em 2004, não causou sensação de imediato. Jason Van Orden lembra a primeira vez que ouviu o termo: "Eu o procurei no Google, e o Google me respondeu: 'Você quis dizer...?' Tentei corrigir. O Google também não sabia o que podcast significava."

Porém Van Orden, que tinha algum conhecimento de programação, ficou interessado o bastante para continuar pesquisando. "Acabei por encontrar alguns posts em blogs geeks falando sobre o fim do MP3 e especificações de RSS 2.0 ou algo parecido." A sensação, diz ele, era de "caras que tinham acabado de achar o rádio amador do pai na garagem".

Felizmente, as coisas ficaram muito mais simples para as pessoas interessadas em conquistar seguidores por meio de podcasts. Assim como a criação de sites foi democratizada (atualmente, você não precisa entender de HTML para criar um site), os podcasts também deixaram de ser uma empreitada misteriosa e tecnicamente complexa, e tornaram-se uma atividade popular. Em junho de 2015, havia mais de 200 mil podcasts elencados na lista do iTunes, da *Apple*.[1] Espera-se que surjam ainda mais podcasts nos próximos anos, já que os analistas calculam que até 2025 todos os carros novos estarão conectados à internet.[2]

Quando esse dia chegar, o "rádio" e os "podcasts" serão praticamente intercambiáveis, e isso faz com que a gravação de podcasts seja extremamente oportuna para grandes negócios. Como Jordan Harbinger, apresentador do famoso podcast *Art of Charm*, prevê: "Aqueles 100 Mais (iTunes) do setor imobiliário serão só corporações que gastaram milhões de dólares para comercializar seus shows. Haverá 80 podcasts do Discovery Channel e 100 da ESPN, e ficar entre os 100 Mais será quase impossível."[3] Mas agora ele acredita — mesmo que pareça que todo mundo já tem um podcast e a concorrência seja impossível — que ainda se pode encontrar um lugarzinho ao sol e deixar sua marca.

Enquanto você pensa em usar os podcasts para monetizar seu futuro, reflita sobre os seguintes temas: focar a periodicidade e longevidade; gerar receitas com publicidade e indicadores de negócios.

Foque a Periodicidade e Longevidade

Quando Harbinger e seu sócio começaram o próprio podcast, há mais de uma década, ele gravava episódios ocasionalmente, de modo intermitente, sem se concentrar no fluxo de ouvintes. "Certo dia, vimos que tivemos 24 downloads. Não 24 mil, nem 2.400. Tínhamos 24... Provavelmente, não consultamos nossos dados estatísticos por seis anos. A princípio não era um negócio. Era só uma coisa divertida que fazíamos."

Porém, por volta de 2012, ele decidiu gravar frequentemente os episódios. Começou a "liberar material toda semana, no mesmo dia, na mesma hora, e o público praticamente dobrou da noite para o dia". Assim, ele continuou publicando duas vezes por semana e novamente seus downloads mais que dobraram. Por fim, ele começou a divulgar três episódios por semana, e agora chega a mais de 3 milhões de downloads por mês.

Conforme a experiência de Harbinger, a periodicidade é essencial para o sucesso do podcast. Outro fator essencial, bastante simples, é a longevidade. Leva-se tempo para conquistar um público através de podcasts, e muitos podcasters desistem no meio do caminho porque deduzem que seus esforços não valem a pena. Contudo, como alguns dos podcasters mais bem-sucedidos descobriram, caso você consiga permanecer firme na empreitada, mal sabe a recompensa desproporcional que o espera.

Uma análise detalhada de Josh Morgan mostrou que "entre junho de 2005 e de 2015, um podcast comum ficava no ar por seis meses e 12 episódios, uma média de dois episódios por mês antes de ficar inativo".[4] Segundo sua pesquisa, apenas 40% dos 206 mil podcasts ficaram "ativos" entre janeiro e junho de 2015, definindo como ativos, com muita liberalidade, aqueles que publicavam apenas um episódio durante esse período de tempo. Não é de se admirar que a grande maioria dos podcasters não conquiste seguidores ao desistir tão depressa. Pode haver uma quantidade enorme de podcasts, todavia é muito mais fácil enfrentar a concorrência quando se percebe que a maior parte das pessoas não fica no jogo por muito tempo.

Não sou exceção. Flertei com a ideia de criar um podcast em 2009 e consultei alguns amigos sobre o assunto. Basicamente, durante algum tempo, publiquei os áudios das palestras que ministrei. Contudo, nunca consegui estabelecer uma programação regular; certa vez esperei 11 meses entre um upload e outro e, por fim, deletei a conta quando percebi que não tinha adicionado nada novo em mais de dois anos.

As vantagens dos podcasts — quando você se dedica assiduamente, como eu *não* fiz — são significativas. Mas também há um custo de oportunidade. Se você grava os episódios várias vezes por semana, deixa de fazer uma série de outras coisas. Em vez disso, escolhi me concentrar em escrever livros e blogs como forma principal de criação de conteúdo (além de ser convidada para participar dos podcasts de outras pessoas, incluindo mais de 160 só em 2015, enquanto lançava meu livro anterior, *Stand Out*).

Para ser bem-sucedido, você precisa priorizar, e não escolhi os podcasts. Contudo, *caso você possa se comprometer* com manter uma disciplina e conseguir expandir seu público, é uma forma ótima de construir uma marca e monetizar. A seguir, vamos ver como fazer isso por meio de receitas com publicidade.

Experimente:

Enquanto analisa que tipo de podcast pode criar, faça o seguinte:

- Entre no iTunes e faça o download dos episódios de pelo menos dez podcasts em seu campo de atuação. Faça uma lista de todos durante as próximas semanas e identifique de que elementos você gosta mais ou menos. Em que o seu vai ser diferente e único?

- Qual nicho/tema você gostaria de abordar em seu podcast? (É difícil chamar atenção com um tema amplo como "esportes" ou "marketing".)

- Que estilo você gostaria que seu podcast adotasse? Amigável? Autoritário? Você vai ter um coapresentador?

Atraia Receitas de Publicidade

John Lee Dumas atribui o sucesso de seu podcast premiado *Entrepreneur on Fire* ao foco de atenção. Ele descreve como era sua mentalidade anterior: "Vou gerar receita por meio de podcasting; esse é meu foco; é isso que farei o tempo todo... É por isso que deixei meu emprego, tive um mentor e entrei de cabeça." Você não precisa deixar o emprego para iniciar um podcast — isso quase sempre é desaconselhável —, mas o comprometimento de Dumas foi essencial para seu sucesso. Isso porque, ele lembra: "Nos primeiros nove meses — três meses de pré-lançamento e depois seis de pós-lançamento — não obtive receita. A cada mês, entrávamos mais um pouco no vermelho."

Essa é uma experiência comum para muitos podcasters novatos. Os anunciantes não se interessam pela maioria dos podcasts recentes, que muitas vezes conquistam apenas algumas centenas de ouvintes. Porém, quando você chega a um determinado patamar — Harbinger calcula 10 mil downloads por episódio —, seu programa de podcasts começa a se destacar como um modo interessante de conquistar um público sofisticado (porque, embora tenham ganhado popularidade, os podcasts ainda não são um meio tradicional e são ouvidos majoritariamente por consumidores jovens familiarizados com tecnologia). Pat Flynn, por exemplo, tem uma média entre 80 mil e 100 mil downloads por episódio de *Smart Passive Income*. Como resultado, ele diz: "De um modo geral, para cada patrocinador que tenho no programa, ganho entre US$2.500 e US$4.000, uma quantia significativa por episódio."

Taxas de publicidade são calculadas com base em mil downloads; esse número é conhecido como custo por mil (CPM). As taxas variam com frequência e são flexíveis. Mas, enquanto escrevia este livro, o CPM estava consideravelmente mais alto para os podcasts do que para os programas de rádio tradicional. Provavelmente, isso ocorre porque os ouvintes se inscrevem e fazem o download dos episódios dos podcasts, demonstrando o interesse no material, ao passo que nos programas de rádio, os ouvintes são mais passivos ou sintonizam em determinada estação por acaso.

Harbinger calcula que uma taxa de publicidade comum para podcasts seja de US$20 por CPM; aqueles com "público premium", especialmente convenientes para os anunciantes, chegam entre US$30 e US$35 por CPM, e aqueles com público em "supernichos" — pessoas que seriam muito difíceis de atingir por outros canais de publicidade — podem ganhar até US$100 por CPM. Um artigo de 2016 do *Wall Street Journal* afirmou que os melhores podcasts recebem um CPM de US$50 a US$100.[5]

Os podcasts também são mais lucrativos para seus criadores do que os vídeos do YouTube porque dispõem de uma base preliminar de ouvintes. Harbinger diz: "Alguém com milhões de visualizações no YouTube ganha menos do que quem tem milhares ou dezenas de milhares de downloads de podcasts." As estimativas em relação ao CPM do YouTube variam, e afirma-se que ele chega a US$18, mas alguns youtubers ganham muito menos.[6] Não se espera que eles apresentem números exatos, mas em um post na *Medium*, de 2015, o famoso blogueiro Hank Green relatou receber apenas US$2 por CPM.[7]

Naturalmente, a publicidade não é a única forma de ganhar dinheiro com os podcasts. Harbinger vende espaços para seus treinamentos de *Art of Charm*; Pat Flynn ganha dezenas de milhares de dólares por mês com programas de afiliação; e John Lee Dumas criou uma sólida comunidade de sócios chamada *Podcasters' Paradise*.

Abordaremos todas essas estratégias mais detalhadamente nos próximos capítulos. Mas, por ora, vamos examinar uma antiga estratégia para monetizar podcasts ao usá-los como ferramenta de desenvolvimento de negócios.

Experimente:

Se achar que um podcast pode ser uma boa ideia para você, considere adotar as seguintes medidas:

- Faça uma lista de dez convidados "sortudos" que possam participar de seus primeiros episódios, enquanto você aprende a lidar com a mídia. Você não deve começar com pessoas mundialmente famosas, que não conhece bem. Em vez disso, concentre-se em pessoas do ramo que você gostaria de abordar em seu podcast, mas com as quais já tem um bom relacionamento. Dessa forma, é mais provável que elas digam sim e sejam mais tolerantes com quaisquer erros de iniciante que você possa cometer.

- Programe suas primeiras entrevistas e divulgue pelo menos três episódios de uma vez (se não mais). Isso mostra que você é sério e também promove os primeiros downloads; desse modo, você pode se destacar no iTunes.

Gere Indicadores de Negócios

Fei Wu era produtora digital e desenvolvedora web em uma agência de publicidade de Boston. Ela iniciou seu podcast, *Feisworld*, em outubro de 2014, a fim de contatar pessoas que admira, como líderes empresariais e profissionais criativos. Ela foi persistente — publicava um episódio por semana nos primeiros 18 meses —, mas estava demorando para conquistar seguidores. "Eram em torno de 15 mil a 20 mil downloads", contou ela. Por episódio? Por mês? Não, totais.

Esses números estavam muito longe dos 10 mil downloads *por programa* que Harbinger tinha indicado serem o mínimo para chamar a atenção dos anunciantes. No entanto, graças em grande parte a seu podcast, Wu pôde deixar seu emprego diurno e começar o próprio negócio freelancer de período integral.

Dos quase 40 convidados que participaram do seu programa na época em que eu escrevia este livro, cerca de 25% tornaram-se seus clientes de consultoria — um índice extraordinário, principalmente se partimos do princípio que a realização de podcasts nunca foi uma opção para se conquistar clientes em potencial.

Tudo começou em julho de 2015, quando ganhou de aniversário entradas para o *Cirque du Soleil.* Imediatamente, ela ficou impressionada com as habilidades de dois artistas, os irmãos Kevin e Andy Atherton, que descreve como "super-humanos". Ela queria que eles participassem de seu podcast.

Ela entrou no site deles para conseguir endereços de e-mail e achou tudo um pouco... confuso. Não estava claro como os contatar, e ela lembra: "Percebi que no site a barra de navegação superior tinha cerca de dez a 12 itens... Havia muitas informações sobrepostas." Finalmente, ela encontrou o endereço de e-mail dos irmãos, colocou-os no programa e a entrevista foi fantástica.

No entanto, algumas semanas depois, ela ainda não conseguia tirar o site complicado da cabeça. Como profissional digital, sabia que eles podiam ter um site muito melhor do que aquele. Ela queria dizer algo, mas hesitou. "Eu não sabia ao certo quem tinha desenvolvido o site original e tive receio de magoar alguém", recorda-se ela. Finalmente, decidiu enviar um e-mail gentilmente escrito, elogiando-os por terem um site, a princípio, mas sugerindo que, com um novo show em vista, aquela poderia ser uma oportunidade para atualizá-lo.

Ela não vendeu seus serviços; em vez disso, apresentou uma série de sugestões, desde a reorganização do conteúdo até o compartilhamento de vídeos dos bastidores. "Até criei um Google Doc para eles, para que pudessem se lembrar e consultar", disse ela.

Wu lembra que eles responderam imediatamente. Os irmãos concordaram com suas sugestões, mas não sabiam como as implementar. "Como você faria?", perguntaram. "Quanto você cobra?"

Eles não foram os únicos convidados que se tornaram seus clientes. Kristina Reed era produtora de filmes e vencedora de um Oscar, e se destacou em filmes como *Kung Fu Panda*, *Madagascar* e *Shrek Terceiro*, mas estava começando a pensar nos próximos passos. Ela sabia que Wu também pensava em trabalhar por conta própria. Dez meses depois de sua entrevista, Wu lembra: "Ela disse, 'Fei, você tem um tempinho? Preciso muito conversar com você.'" Depois de anos trabalhando em estúdios de Hollywood, Reed não tinha a própria presença online e contratou Wu para ajudá-la.

Outros convidados de seu podcast também lhe pediram ajuda com projetos de marketing e RP. "Comecei (*Feisworld*) sem nenhuma expectativa de 'preciso ganhar dinheiro', ou 'preciso trabalhar para essas pessoas'. Nada disso." Mas ao estreitar o relacionamento com seus convidados, eles ficaram curiosos sobre quem ela era e, por fim, perceberam que podiam se beneficiar de sua ajuda.

Experimente:

Agora você já avançou mais e está pronto para levar seu podcast ao próximo nível. Está na hora de pensar nas seguintes medidas:

- Faça uma lista de seus 20 melhores convidados *ideais*. Quem são eles (empresários, especialistas em fitness, arquitetos famosos)? Procure-os online e encontre suas informações de contato. Em muitos casos, eles terão os próprios sites com formulários de contato ou endereços de e-mail; em outros, você só poderá encontrar seus perfis nas mídias sociais. Faça uma planilha.

- Para cada convidado em potencial, pense que contatos em comum tem com eles. Se você conhece o indivíduo pessoalmente, ótimo. Caso contrário, há algum amigo que os possa apresentar? Eles já foram convidados ao podcast de alguém que você conhece? Pergunte-lhes se estão dispostos a apresentar você. Você vai se surpreender com quantas pessoas dirão sim.

CAPÍTULO 7

Desenvolva Seu Público com Blogs e Vlogs

Não importa em que ponto esteja em sua trajetória empresarial, criar um blog ou videoblog ("vlog") para ganhar seguidores pode ser uma boa ideia. Talvez você esteja apenas começando, e criar um blog lucrativo e que tenha grande visibilidade *seja* seu sonho — um fim em si mesmo. Ou talvez você veja os blogs como um pequena parte de um plano maior, que inclui a publicação de um livro, um negócio de coaching ou eventos ao vivo. De uma forma ou de outra, em algum momento, é bem provável que os blogs e vlogs sejam parte de sua jornada rumo à monetização.

E assim o foram para Stefanie O'Connell. Como muitos jovens com um sonho, O'Connell mudou para Nova York com o intuito de se tornar atriz da Broadway. Ela arrumava trabalhos aqui e acolá, mas logo descobriu que eles não eram o bastante para cobrir as despesas exorbitantes da vida em Nova York. Foi então que ela criou um blog, *The Broke and Beautiful Life*, para ter visibilidade e compartilhar as dicas sobre dinheiro que aprendera.

Ela começou a escrever duas ou três vezes por semana e gostou do processo. Talvez, pensou, pudesse pagar as contas ajudando outras pessoas a fazerem o mesmo. Durante meses, escreveu em seu site sem ganhar nada. Porém, à medida que ganhava experiência, ela se deu conta de que podia "subir de nível" e fazer contato com blogueiros um pouco mais experientes. "Não eram blogueiros renomados — pessoas com um público numeroso", lembra-se ela. Mas podiam lhe pagar de US$20 a US$30 por artigo, então ela passou a escrever em seus blogs e a ganhar uma reputação entre seus seguidores.

Não era muito dinheiro considerando o quanto se dedicava. Mas ela conta: "Eu tinha sido atriz até aquela época. Para mim, qualquer coisa, mesmo 20 pratas, representava uma hora que eu não precisava trabalhar como garçonete." Ao escrever para outros sites, ela obteve uma vantagem valiosa: criou uma rede de contatos. "Além do fato de ganhar algum dinheiro, também marquei presença e me tornei parte da comunidade de finanças pessoais. As pessoas sabiam quem eu era", disse ela. Essa exposição foi um passo de suma importância em sua jornada para se tornar uma especialista reconhecida em finanças pessoais.

Neste capítulo, vamos explorar as lições aprendidas por blogueiros e blogueiras, como O'Connell e tantos outros, enquanto descobriam como maximizar esse meio de comunicação para consolidar sua reputação e gerar renda. Falaremos sobre a importância de focar pequenos ganhos, procurar patrocínio corporativo, começar e alavancar o próprio blog, e lançar e monetizar um videoblog.

Foque em Pequenos Ganhos

Assim como O'Connell descobriu na época em que escrevia artigos por US$20, trabalhar muito por tão pouco pode se tornar desanimador com o tempo. Mas ela se manteve motivada ao focar as pequenas vitórias que tinha. Ela se lembra da primeira vez em que lhe pediram para patrocinar um prêmio em seu site, o que ela considerou um reconhecimento importante, porque era "alguém dizendo que há valor ali". Sempre que um blogueiro conhecido compartilhava seu trabalho ou alguém lhe pedia para participar de seu podcast, ela comemorava. "Eram pequenas vitórias, mas, para mim, eram imensas", conta ela.

Ela subia um degrau a cada vez que escrevia para sites de outros blogueiros, porém sabia que não podia parar por aí. Era necessário se consolidar como especialista conquistando publicações maiores e mais conhecidas. Começou a enviar cold e-mails [solicitações de contato inicial não solicitados] para canais de destaque, oferecendo-se como colaboradora em potencial. "Geralmente ninguém respondia." Porém, finalmente, obteve uma resposta. Ela conseguiu uma coluna no *U.S. News & World Report*, e isso lhe deu maior visibilidade. A coluna, por sua vez, fez dela uma colaboradora freelancer requisitada por startups que procuravam criar o próprio conteúdo. Não era muito — muitas vezes, só US$100 por post —, porém, O'Connell tinha encontrado um meio de quintuplicar sua renda.

Munida de uma gama de clipes e um canal conhecido que a apoiava, O'Connell sentiu que agora podia se apresentar como especialista em finanças da geração Y. Assim, ela continuou tentando vender seu trabalho, dessa vez para produtores de televisão, sugerindo ideias para prováveis temas de que poderia falar. Não demorou muito para ser convidada a participar do *The Dr. Oz Show* e da Fox News.

Construir uma reputação por intermédio de blogs não acontece do dia para a noite; na maioria das vezes leva anos desde a trajetória de seu primeiro post até a participação em programas de televisão, e muitos desistem no meio do caminho. Entretanto, a fim de continuar firme em seu propósito, é fundamental comemorar as pequenas vitórias ao longo do caminho, como O'Connell fez, e reconhecer que, mesmo não tendo chegado a seu destino, você está progredindo. Levei cerca de três anos escrevendo posts para blogs várias vezes por semana a fim de conseguir um número significativo de respostas preliminares com possíveis clientes e convites para entrevistas ou palestras.

Ainda que você chegue lá, uma reputação como especialista e participações em programas de televisão são meios excelentes de prova social; porém, sozinhas, não pagam as contas. Não se consegue escrever por semana um número suficiente de artigos a US$100 para viver confortavelmente em Nova York. Todavia, mesmo que fique difícil ganhar dinheiro *escrevendo*, fica fácil ganhá-lo *pelo motivo pelo qual* você está escrevendo — na forma de patrocínio corporativo.

Experimente:

Para criar uma lista de blogs desejados, comece aqui:

- Faça uma lista de publicações para as quais gostaria de escrever. Pense grande — em canais nacionais —, mas nos menores também. Por onde você poderia começar? Há publicações locais ou sites em nichos menores em seu campo? Comece a mapear uma estratégia crescente, com a qual planeje escrever para canais menos conhecidos e, gradativamente, progredir. Por exemplo, quando iniciei meu negócio de consultoria em Boston, muitos anos atrás, comecei a escrever para meu próprio blog para ter amostras do meu trabalho, a fim de apresentá-las aos editores, (você também pode fazer isso no LinkedIn ou *Medium*). Então, comecei a contatar canais como o jornal local (*Somerville Journal*) e o jornal comercial local (*Boston Business Journal*). Você também pode procurar blogs, jornais ou revistas de setores de atividade específicos, ou o jornal diário de sua região. Finalmente, quando se sentir preparado, pode contatar publicações conhecidas que usam colaboradores externos, como (no mundo dos negócios) a *Forbes*, a *Inc.* ou a *Business Insider.* Até lá, você terá uma gama sólida de clipes e experiência suficiente para ser levada a sério quando os editores avaliarem seu material.

Busque Patrocínio Corporativo

Como blogueiro, O'Connell é convidada para inúmeras conferências e eventos patrocinados por corporações. Porém, ao contrário da maioria das pessoas que se senta e desfruta de palestras e canapés, ela registra meticulosamente como o evento é estruturado a fim de propor suas próprias variações aos patrocinadores. Ela diz: "Naturalmente, a empresa já decidiu que esse é um investimento vantajoso para eles. Não preciso convencê-la disso... Como posso conferir um novo valor ao evento, incorporando-me de um modo indispensável?" Em outras palavras, ela tenta colher os frutos ao alcance de suas mãos.

Como já tinha um relacionamento com a empresa, muitas vezes com o pessoal de RP que a convidava para participar dos eventos, tinha um contato para quem apresentar suas ideias. Como exemplo, ela participou de um "Women in Money Tea" [evento em que se discute a participação feminina na produção de chá] e apresentou a questão para a geração Y: E se houvesse um *bar trivia night* [noite de perguntas e respostas em um bar, restaurante etc.] focado em finanças pessoais? O'Connell propôs a ideia a uma companhia que realizava eventos semelhantes, e funcionou.

Definir o preço para sua participação em eventos corporativos é uma ciência inexata, pois as condições de pagamento normalmente são confidenciais e pouco transparentes. "A minha estratégia é perguntar às pessoas que já participaram [do evento] antes", conta O'Connell. "Essa é a única forma de conseguir um ponto de referência para o que é adequado." A variação é enorme, e as empresas muitas vezes têm condições de pagar muito mais do que alegam inicialmente. Certa vez, ela recebeu uma proposta de US$500 para um evento, e acabou fechando por US$5.000. "É por isso que sempre digo às pessoas para pensarem grande", afirma ela. "Há muitas oportunidades por aí. Há orçamento para os eventos, e nós oferecemos valor."

Em outra ocasião, ela ganhou US$8.000 para escrever em um blog a respeito de um estudo encomendado por uma empresa e, em seguida, gravar um vídeo sobre as descobertas e compartilhá-lo em grande escala nas mídias sociais. Quando você constrói sua marca a ponto de ser considerado um especialista reconhecido, as empresas — quando abordadas do jeito certo — muitas vezes estão dispostas e podem pagar.

A menos que se torne uma celebridade reconhecida (ao contrário de um especialista de nicho), é pouco provável que você se sustente só com os patrocínios corporativos. Mas caso cultive e fomente as relações com seus contatos, eles podem representar um complemento de renda positivo. Esse é o caso de Alexandra Levit, autora de *They Don't Teach Corporate in College*. "Em trabalhos com patrocínios individuais, nunca recebi mais que... US$25.000 por ano." Mas ela participa de uma série de eventos corporativos por vez e tem outras fontes de renda: escreve, palestra e presta consultoria. "Assim, acumulo uma renda muito boa para uma pessoa", afirma ela.

Ela atuou como porta-voz de diversas marcas da *Fortune* 500, que a contratam para criar conteúdo relevante para seu público e falar a respeito desse conteúdo nas mídias. "Não vou defender o produto deles", conta ela. "Falarei sobre o que sempre falo, produtividade, como ser empresário e empregar estratégias bem-sucedidas a fim de desenvolver seu negócio."

Como O'Connell, Levit costuma conseguir trabalhos patrocinados através de profissionais de RP que conhece por meio de sua profissão. Ela diz que a empresa procura alguém que tenha uma plataforma sólida para divulgar sua mensagem. "Você tem que ser um tipo de persona pública", afirma. "Desse modo, esses trabalhos incentivam outros, pois você faz um e, depois, a Canon vai ver o que você fez com a Xerox."

Contudo, o processo de se conseguir patrocínios corporativos pode ser muito lento. "Pode não haver um retorno imediato", Levit diz. "Funciona mais ou menos como em qualquer outra rede de contatos, em que você conhece as pessoas e aprende mais sobre o que fazem e descobre meios pelos quais as pode ajudar."

Embora ela não escreva para seus clientes existentes, muitas vezes entra em contato com o pessoal de RP que não conhece, na esperança de se promover com os clientes deles. Ela considera isso uma oportunidade de estreitar os relacionamentos. "Se houver um meio pelo qual eu possa trabalhar conforme eles trabalham, farei isso. Não vou dizer: 'Você tem que me pagar US$500 por isso.' Se funcionar para mim e para eles, então trabalharei de acordo."

No começo, ela também se dispôs a aceitar trabalhos pequenos para mostrar sua competência e estreitar a rede de contatos. Recentemente, um escritório de RP pediu-lhe que participasse de um chat via Twitter apresentado pelo Bank of America. "Não era muito dinheiro, mas uma chance de conhecer o pessoal do banco", disse. "Eu não sabia se isso resultaria em algo significativo, porém já era um começo... Você tem que estar disposto a dar um pouco antes de receber. Acho que isso consolida uma rede de contatos e faz parte da vida." Quando se trata de oportunidades de patrocínio corporativo, você tem que dançar conforme a música, o que, nesse caso, significa adotar uma estratégia de longo prazo.

Experimente:

Enquanto analisa detalhadamente os patrocínios, lembre-se do seguinte:

- Mantenha um registro dos publicitários que poderão contatar você: Quem eles representam? E, com base nos relatórios de mídia ou eventos para os quais tem sido convidado, preste atenção em quais marcas em sua área de atuação patrocinam determinados tipo de eventos. Você estaria interessado em trabalhar com a empresa? Quais ofertas ou eventos análogos você poderia propor?

Comece o Próprio Blog

O'Connell construiu sua reputação escrevendo incansavelmente em blogs de outros sites e trabalhando na direção de canais conhecidos, como *U.S. News & World Report*, o que lhe proporcionou a prova social para conquistar patrocinadores corporativos. Levit fez praticamente o mesmo ao escrever cinco livros e, durante algum tempo, escrever regularmente para o *Wall Street Journal*. Porém, também há outra possibilidade de construção de marca: começar o próprio blog e conquistar seguidores gradativamente. Foi isso que o morador de Minnesota, Bjork Ostrom, e sua mulher, Lindsay, fizeram.

Lindsay adorava cozinhar, e Bjork recorda que: "Ela estava começando a compartilhar receitas no Facebook e no Twitter com sua rede de contatos pessoal. A atividade chegou a um ponto em que ela disse: 'Eu me pergunto se isso não está ficando um pouco demais, e se as pessoas não estão ficando meio aborrecidas.'" Assim, em abril de 2010, eles decidiram lançar juntos um blog chamado *Pinch of Yum*. Lindsay, professora, tratou dos aspectos criativos — desenvolvimento de receitas, redação e a fotografia da comida. Bjork, que trabalhava na divisão de programas de uma organização sem fins lucrativos, mas que tinha um interesse paralelo em sites e desenvolvimento de negócios, tratou do aspecto técnico.

O crescimento não foi exatamente explosivo. Mas, como O'Connel, eles se concentraram nas pequenas vitórias. "Acho que, para Lindsay, o importante era o jogo", diz Bjork. "É tipo: *Como consigo um comentário sobre um post? Como conseguir 100 visitas por dia?* São as micrometas ao longo do caminho." Depois de dois anos criando conteúdo regularmente, eles contavam com apenas mil visitas por dia. Mas, nessa época, sua persistência começou a apresentar resultados: eles começaram a chegar perto do topo dos resultados dos mecanismos de busca e haviam criado receitas para uma variedade enorme de pratos; as pessoas estavam começando a descobri-los no *Google* e no *Pinterest*.

"No primeiro ou segundo ano, você está nos estágios de construção, e realmente tenta aumentar o envolvimento (do usuário) e a atenção que seu site atrai", diz Bjork. "Isso pode ser uma distração caso você se concentre demais na geração de renda nos primeiros estágios antes de potencializar o processo das coisas. Em outras palavras, conteúdo primeiro, monetização depois."

Alavanque o Crescimento de Seu Público

Em 2016, seis anos após iniciar seu blog, os Ostroms alcançaram cerca de 3 milhões de visitantes únicos por mês. São muitos olhares curiosos, e, em uma visita recente ao site, a barra lateral divulgava anúncios do *New York Times*, *Staples* e do *Hotels.com*. Mas Bjork adverte sobre o foco na exibição de anúncios como estratégia principal de monetização: "Quando a eficácia da exibição de anúncios diminui (devido ao excesso de consumidores), o mesmo ocorre com seu potencial de ganho. Provavelmente, a melhor coisa a fazer é não elaborar uma estratégia em longo prazo."

"Também não é uma estratégia especialmente acessível para a maioria dos empresários online iniciantes. Você provavelmente precisará de mais de 100 mil visitantes únicos por mês a fim de o considerarem interessante para divulgar anúncios", observa Bjork. E, mesmo assim, as taxas são modestas, talvez US$500 por mês para um blog culinário com esse nível de público. Blogs sobre assuntos diferentes, como finanças pessoais, são ligeiramente mais lucrativos. "Isso depende do nicho em que você se encontra", diz ele. "Também não é como se as pessoas comprassem toneladas de alimentos online todos os dias. Porém, em geral, não é exibindo anúncios que você vai ganhar mais dinheiro."

Assim como ocorreu com O'Connell e Levit, parte do modelo de rendimentos dos Ostroms vem de patrocínios corporativos — no caso deles, de posts patrocinados. Por exemplo, Lindsay elabora uma receita e, em um post do blog, usa determinada marca de açúcar para prepará-la, e divulga esse patrocínio na parte superior do post. No entanto, eles têm outro fluxo de renda, que provém dos programas afiliados. Como Pat Flynn, de *Smart Passive Income*, eles ganham milhares de dólares por mês com taxas por indicação. Por exemplo, eles criaram um post minucioso sobre "Como Começar um Blog Culinário". O primeiro passo recomenda assegurar um nome de domínio e criar o site. Eles explicam em detalhes como fazer isso e recebem uma taxa por indicação do serviço de hospedagem que eles recomendam para assinatura.

Para leigos, "ganhar dinheiro com seu blog" pode parecer uma fonte de renda simples. Mas, como os Ostroms mostram, uma vez que conquistar um público, você pode monetizá-lo de várias maneiras. Além de exibir anúncios, posts patrocinados e programas de renda afiliada, Lindsay escreveu um e-book famoso a respeito de fotografia culinária, e eles começaram a oferecer workshops sobre o assunto, o que lhes rendeu dezenas de milhares de dólares.

Como Flynn e Dumas, Bjork se comprometeu a compartilhar o que aprendeu sobre marketing online, então começou a postar os relatórios dos rendimentos mensais em setembro de 2011, um ano depois do lançamento do blog. Naquele mês, os Ostroms ganharam US$21,97 com publicidade em seu site. Todavia, apenas cinco anos depois, os registros eram muito diferentes: mais de US$95.000 só no mês de novembro de 2016, mais do que a maioria dos professores ou colaboradores de organizações sem fins lucrativos ganham em um ano inteiro. "Se a cada dia dermos um passo, no decorrer do tempo iremos longe", afirma Bjork.[1]

Experimente:

- Se tem um blog em seu próprio site, pense em formas de monetizá-lo. Por exemplo: Quais formas de monetização funcionam para você? Exibir anúncios? Posts patrocinados? Renda de programas afiliados? Venda de e-books? Escolha pelo menos uma para começar.
- Defina que canal ou canais de monetização você escolheu.
  - Por exemplo, você quer divulgar anúncios em seu site ou acha que isso desvaloriza a experiência do leitor em geral? Se quiser, comece a pesquisar como pode contratar o programa de publicidade do Google ou outras redes de publicidade.
  - Pesquise outros sites para ver que companhias em seu ramo já pagam por posts patrocinados; talvez sejam bons alvos para se abordar, caso as visualizações mensais de sua página sejam suficientes.
  - Você pode começar a pensar em quais produtos (em que você acredita) poderia promover como afiliado. Você pode criar conteúdo para destacar as vantagens do produto e vinculá-lo a um site em que as pessoas o possam comprar?
  - Quais temas atrairiam seus leitores em forma de e-book? Você faz algo técnico ou algo em que está bastante envolvido que de alguma forma seja complexo demais para explicar em um post comum? Em caso positivo, talvez um e-book seja o formato ideal.

Comece Seu Vídeoblog

O primeiro blog de texto foi criado em 1994; mas, por mais de uma década, a lentidão da velocidade da internet e o custo elevado do equipamento de gravação não permitiam à maioria das pessoas criar e compartilhar vídeos sem algum transtorno.[2] Porém, graças à criação do YouTube, em 2006, ao aumento da capacidade da banda larga em todos os lugares e à facilidade de registro dos smartphones, todos podem compartilhar suas ideias e conteúdo em formato de vídeo.

Esse era o plano de Antonio Centeno quando procurava meios de promover sua empresa de roupas personalizadas online. Atraído pela oportunidade de negócio, ele diz: "Comecei uma loja, mas não entendia nada de moda." Ele leu todos os livros que conseguiu encontrar, assimilava-os, e começou a escrever posts sobre moda masculina. Logo percebeu que poderia conquistar ainda mais clientes em potencial se convertesse o conteúdo em formato de vídeo.

"Comecei a filmar esses vídeos no porão da minha casa", conta ele. "Os primeiros 100 vídeos ficaram realmente uma droga, mas aprendi muito e os publiquei." Tal como aconteceu com Bjork e Lindsay Ostrom, ele compreendeu que o segredo residia na persistência. "Depois de 200 vídeos, conseguimos nosso primeiro milhão de visualizações."

Centeno ainda se arrepende de ter reduzido o ritmo nesse momento crítico: "Durante 200 dias, eu publicava um vídeo por dia. Então, desacelerei depois de 220 ou 230. Eu publicava apenas dois por mês. Sempre me repreendo, porque se tivesse sido mais sistemático, meu canal provavelmente teria o dobro do tamanho que tem hoje."

De fato, a conhecida *coach de vida* Marie Forleo, mencionada no Capítulo 2, atribui grande parte da ampliação de seu negócio de oito dígitos à programação constante de seus videoblogs. "Antes de MarieTV, eu não tinha uma programação de blogs ou boletins informativos regular", contou à *Forbes* em 2013.[3] "Embora eu não ficasse mais que dez dias sem me comunicar com meu público, tudo mudou quando me comprometi com meu programa de terça-feira. Já são 2 anos e meio de conteúdos sistemáticos toda semana, e toda essa regularidade fez com que a comunidade online crescesse radicalmente."

Quanto a Centeno, reconhecer as possibilidades promocionais de seu videoblog o levou a questionar o modelo de negócios de venda de roupas personalizadas. Ele diz: "Estávamos crescendo, alcançando sólidos seis dígitos, e eu me dei conta: 'Uau, perderei dinheiro este ano e não posso mais atingir um patamar superior.'" Por que ele não podia concentrar sua atividade na parte que funcionava — disponibilizar informações sobre moda?

Monetize Seu Vlog

As primeiras investidas de Centeno em marketing através de seu vlog eram um fardo. Ele recebia amostras de produtos de uma empresa e então começava a correr contra o tempo para escrever a avaliação. O problema era que ele ainda tinha um emprego de tempo integral, administrando sua empresa de roupas personalizadas. Ele se lembra de uma empresa que lhe enviou um par de sapatos, pensando em algum tipo de publicidade: "Eles me enviavam e-mails todos os meses dizendo: 'Ei, Antonio, como está indo aquela avaliação?' Eu me senti mal porque eles tinham me dado os sapatos de graça e eu ainda não tinha escrito nada."

Ele percebeu duas coisas importantes. Primeira, ele não queria escrever avaliações em troca de mercadoria gratuita. "Sempre há um custo", afirma. "O custo é não poder ficar com minha família porque estou ocupado falando sobre esses sapatos gratuitos." Segunda, ele tinha uma plataforma grande o bastante em que poderia começar a cobrar pelo acesso. Ele decidiu fechar o negócio de roupas personalizadas e mergulhar de cabeça no marketing de informações, principalmente alavancar seu canal *Real Men, Real Style* no YouTube, que, a partir de abril de 2017, tinha quase 1,3 milhão de assinantes e vídeos que alcançavam perto de 94 milhões de visualizações.

Hoje, Centeno calcula que 25% a 30% de sua receita vem da publicidade, principalmente de artigos e comentários patrocinados. Ele diz: "Eles compreendem que temos um público grande e específico, e me pagarão US$5.000 por um artigo ou US$10.000 por um vídeo, além do envio de e-mails em massa com promoção das mídias sociais." Sua meta, ele diz, é que apesar da divulgação do patrocínio, "realmente nem mesmo pareça um comercial... 95% são informações consistentes".

Como exemplo, ele cita um artigo e um vídeo detalhados que criou para seu site, chamado *Ultimate Guide to Double Monk Strap Dress Shoes*. Na parte superior, ele divulga um anúncio: "Este artigo informativo é patrocinado por (fábrica de calçados) Paul Evans." Centeno escreve: "Eu mesmo tenho um par e realmente recomendo esses excelentes sapatos." Ele prossegue com uma história detalhada sobre o estilo do calçado, as opções de cores e a sugestão de combiná-los com ternos e trajes casuais, além de uma dica profissional: uma camiseta branca com decote em V, blazer e jeans azul combinam bem com um par de sapatos sociais de camurça marrom", escreve Centeno.[4]

Como os Ostroms, Centeno também ganha algum dinheiro com o programa de afiliados da Amazon e com venda de e-books. Ele até oferece um curso mais completo sobre moda masculina, que custa US$1.000. Contudo, talvez sua jogada mais inovadora tenha sido se unir com vários blogueiros de moda masculina para formar a MENfluential, uma rede de publicidade. Eles contrataram uma pessoa para apresentar seu consórcio como um grupo de empresas de roupas masculinas. Essa parceria faz com que eles chamem a atenção dos anunciantes, e se, por exemplo, as taxas de Centeno forem muito altas, sugerem outro membro do grupo com um público um pouco menor. O arranjo, segundo Centeno, "Facilitou as vendas de Natal. Fechamos contratos por três meses começando em meados de outubro".

Seu alcance no YouTube é imenso, mas Centeno reconhece a fragilidade de sua base de admiradores: "Na mídia social, não sou dono de nenhuma dessas plataformas. Sempre tenho em mente que até o YouTube pode me derrubar. Minha meta é deslocar constantemente as pessoas de lá e adicioná-las em minha lista de e-mails." Ele criou um famoso e-book gratuito, *7 Deadly Style Sins* ["Sete Pecados Capitais na Moda", em tradução livre], que lhe rendeu mais de 100 mil assinantes de e-mails diários e permitiu-lhe se comunicar diretamente com seu público

Porém, apesar da cautela em relação ao YouTube como plataforma, ele continua firme quanto à influência dos vídeos. "Acho que os vídeos geram vendas", diz. "Eles mostram que sou verdadeiro, real. Os vídeos me proporcionam uma conexão mais profunda com meu público."

Experimente:

Enquanto pensa se vlogs são bons para você, tente o seguinte:

- Faça uma lista de pelo menos outros cinco blogueiros de vlogs (ou "vloggers") que se concentram em sua área de atuação. Assista a pelo menos três de seus vídeos mais populares para conhecer seu estilo, abordagem e o que funciona. Decida quais aspectos quer imitar e o que gostaria de fazer diferente.

- Se decidir que está interessado em criar os próprios vídeos, escreva um calendário editorial com pelo menos 20 entradas (isto é, uma lista de temas que abordará em vídeos futuros). Frequência é essencial; você vai precisar produzir conteúdo regularmente para conquistar seguidores e ganhar experiência para se sobressair.

- Pense em como fazer seus vídeos se destacarem. Não é terrível ser um "comentarista" que explica os mesmos pontos como você explicaria em um blog, mas é ainda melhor se você também puder expressar seus pontos visualmente com uma demonstração, um objeto ou gráficos para enfatizar sua opinião.

Ferramentas de Vídeo

Para fazer o download de uma lista de ferramentas que uso em meus vídeos, acesse dorieclark.com/videotools [conteúdo em inglês].

CAPÍTULO 8

Reúna Seus Seguidores

Há uma forma especial de aprendizado e conexão que só pode acontecer em um ambiente de grupo. Uma vez que começa a conquistar seguidores — e atrai interesse com palestras, podcasts e blogs, ou trabalha individualmente com coaching e consultoria — você pode começar a reuni-los pessoalmente.

Os eventos podem ser grandes ou pequenos, caros ou baratos. O importante é conquistar seguidores primeiro, pois você pode acabar com sua taxa de retorno rapidamente caso gaste muito tempo caçando participantes a fim de preencher os lugares de um evento. Entretanto, se você sabe que tem um público grande o bastante, ou mesmo um grupo pequeno extremamente comprometido, as reuniões presenciais podem ser extraordinariamente eficientes no sentido de gerar renda e proporcionar uma experiência única e significativa à sua comunidade de seguidores. Os meios de se fazer isso incluem desenvolver reuniões mastermind, organizar uma conferência e oferecer workshops presenciais. (Vamos discutir como conquistar comunidades online bem-sucedidas no Capítulo 10.)

Crie uma Experiência Mastermind

"Os grupos Mastermind" — pequenos grupos de profissionais que se reúnem para partilhar ideias e opiniões empresariais — foram popularizados no clássico de Napoleon Hill, *Pense e Enriqueça*. O livro está um pouco desatualizado, mas a ideia é atemporal. Nada aguça mais o raciocínio que um pequeno grupo de colegas confiáveis dispostos a desafiar, responsabilizar e apoiar você em tempos difíceis.

Alguns grupos mastermind são organizados por profissionais motivados que sabem que se beneficiarão da camaradagem e dos insights, e não cobram nada dos outros participantes. Mas pode ser um desafio reunir, administrar e manter um grupo progredindo em longo prazo, e é por isso que os grupos mastermind pagos se tornaram um modelo de negócios bem-sucedido.

Perceba que idealizar um grupo mastermind provavelmente não será sua primeira atividade empresarial. Você precisa ter ganhado um verdadeiro know-how no assunto, não raro advindo das atividades de coaching ou consultoria, para que, assim, consiga liderar com confiança um grupo. E, com a finalidade de atrair participantes para uma reunião tão íntima (e, muitas vezes, cara), é importante ter cultivado pelo menos um grupo preliminar de seguidores interessados. Todavia, após colocar todas essas premissas em andamento, o conceito pode ser poderoso.

Por exemplo, quando senti que havia conquistado e solidificado uma comunidade em volta das minhas ideias, resolvi fazer um teste com um "Dia de Mastermind", para ver se meu público ficaria interessado na experiência. Os participantes se reuniriam em um jantar na noite anterior e então passariam o dia na minha casa em Nova York, partilhando seus desafios empresariais e recebendo minha ajuda e do resto do grupo.

Enviei uma proposta aos 46 participantes de um curso piloto online que administrava. Eu sabia que muitos membros tinham o desejo de conhecer os demais pessoalmente. Incluí uma pesquisa online para ver quem estaria interessado em uma reunião, e quando tive respostas positivas suficientes, anunciei a data e enviei outro e-mail pedindo às pessoas para confirmarem presença. Cobrei US$1.000 por pessoa e recebi US$8.000 em 48 horas; enviei mais seis e-mails pessoais e consegui mais dois participantes. No total, gastei cerca de uma hora fazendo o marketing de um evento de

US$10.000 para o qual eu teria que trabalhar em casa durante um dia, sem ter que me deslocar.

Como eu, Ryan Levesque — consultor de marketing que auxilia as empresas online com pesquisas e testes — criou um pequeno piloto pessoal a fim de testar a demanda para seu conceito definitivo de mastermind. "Éramos três organizando um grupo de talvez oito empresários", lembra-se Levesque, que também é autor de *Ask: The Counterintuitive Online Formula to Discover Exactly What Your Customers Want to Buy.* "Entramos em uma sala por dois dias, sem programa, e era só uma situação difícil (em que as pessoas discutiam a questão mais urgente que enfrentavam). As pessoas vinham, tinham uma hora para se concentrar em seu negócio... não havia estrutura... nem pensei nas pequenas coisas."

E-mail Mastermind

Para fazer o download do e-mail que enviei sobre meu primeiro Mastermind, visite dorieclark.com/MastermindEmail [conteúdo em inglês].

Porém esse evento em questão mostrou a Levesque que havia demanda para uma experiência mais intensiva e planejada. Como resultado, ele decidiu criar um grupo mastermind limitado a 40 participantes. O grupo se encontra três vezes por ano em Austin, Texas (onde Levesque mora), durante três dias. Entretanto, eles realizam ligações semanais e participam de uma comunidade online para compartilhar dúvidas, sucessos e dificuldades.

As sessões presenciais devem transportar os participantes para fora de suas vidas cotidianas, com comida gourmet saudável, manhãs dedicadas às discussões sobre as questões de negócios, e tardes e noites em atividades "experienciais" com o propósito de reforçar a união, desde o arremesso de dardos ao alvo jogos de palavras a karaokê. O preço? Uma bolada de US$35.000 por ano; Levesque pretende elevar o preço para US$50.000, mas isenta os primeiros membros para estimular as inscrições.

Teoricamente, realizar cursos em grupos é uma grande ideia: o potencial de alavancagem e renda é imenso. Mas, ao contrário de um programa de coaching individual, em que se pode ampliar a oferta sem arriscar nada se ninguém se inscrever, os cursos em grupo são mais complexos: de algum modo, você precisa estabelecer a demanda no início para que suas reuniões tenham êxito. Como conseguir os primeiros participantes?

Levesque, cujo negócio depende de ensinar aos outros como fazer levantamento de clientes, pensou a respeito. "Não vale a pena formar um grupo de mastermind com duas pessoas...", diz. Em vez disso, ele descreve como abordou seu público inicialmente para avaliar seu interesse. Ele enviou um e-mail dizendo que muitas vezes lhe perguntam sobre trabalhar com clientes em um ambiente mais íntimo. Então, expôs a ideia de um possível grupo mastermind — encontrar-se pessoalmente três vezes ao ano, mais uma comunidade online e encontros virtuais semanais.

"Haverá apenas 20 lugares (inicialmente) disponíveis para isso", escreveu, "e se houver algo em que esteja interessado se decidirmos ir adiante, e você quiser reservar um lugar na fila para ser notificado quando ficar disponível, clique no link abaixo. É um link simples para fazer um depósito reembolsável de US$100. Caso mude de ideia, ou se o grupo mastermind não se materializar, você será reembolsado. Entretanto, essa é uma forma de avaliar quem está seriamente interessado nisso. Se um número suficiente de pessoas estiver, é algo que farei".

Com essa estratégia, Levesque definitivamente não prometia nada a seus seguidores; eles não ficariam ofendidos ou se sentiriam traídos se ele acabasse não criando o grupo mastermind. Ao lhes pedir que paguem um adiantamento — ainda que um investimento muito menor do que os US$35.000 finais —, ele consegue determinar quem leva a proposta a sério. E ele pode esperar para materializá-la até atingir o número mágico de participantes para que a experiência seja sólida, assim como suficientemente rentável para ele. (Para mais conselhos detalhados de outros profissionais, veja o quadro "Como Iniciar o Próprio Grupo Mastermind Remunerado", no final deste capítulo.)

Experimente:

Se a ideia de organizar um Dia de Mastermind o atrai, pergunte-se:

- Quem estaria mais interessado em participar (ou seja, seu público-alvo)? Você abordaria assuntos complexos ou iria se concentrar em um tema específico? Nesse caso, qual dos dois? Quanto você cobraria para sua sessão piloto? Escreva uma descrição (de meia a uma página).

- Anote os nomes de 10 a 20 pessoas específicas que você conhece pessoalmente que correspondam à descrição de seu público-alvo. Mande-lhes um e-mail breve e anexe a descrição de seu Dia de Mastermind. Pergunte se elas estariam dispostas a oferecer feedback e se estariam interessadas em participar. Se ouvir muitos "não", modifique a oferta de acordo com as sugestões que receber. Se ouvir muitos "sim", programe uma data e comece a fechar as vagas.

Organize uma Conferência

Os grupos mastermind de Levesque são experiências caras e intensas que duram um ano ou mais, se os participantes renovarem. Mas você também pode criar eventos de curta duração para seus seguidores que gerem renda significativa. A Social Media Marketing World — a conferência na qual eu falei de graça a fim de ter uma chance de contatar vários amigos palestrantes — cobra entre US$850 e US$1.600 por inscrição, dependendo da data de compra. Em 2016, ela atraiu 3 mil participantes. Quando você não paga palestrantes, essa é uma taxa de retorno *muito* boa.

O segredo, segundo o fundador da conferência Michael Stelzner, é que ele começou conhecendo muitos escritores a partir de contatos de sua antiga empresa, que ensinava pessoas a serem pagas para escrever "white papers" (um tema de interesse óbvio para jornalistas desempregados). No final dos anos 2000, quando percebeu que a mídia social se popularizava, ele perguntou a alguns deles se estariam dispostos a contribuir com artigos maiores para seu site, Social Media Examiner, gratuitamente.

A promessa de exposição geralmente não vale muito; mas, nesse caso, valia. Havia uma carência desses tipos de artigos e de artigos especializados a respeito de mídias sociais, e muito interesse. Não demorou para que seus amigos escritores ficassem amplamente reconhecidos por sua expertise e para que o Social Media Examiner conquistasse um imenso grupo de seguidores: só em 2015 foram 250 mil novos assinantes. Com esses números — quando a "exposição" realmente vale a pena — não é difícil conseguir voluntários para escrever ou falar gratuitamente.

E, como eu, muitos palestrantes irão, ao menos algumas vezes, participar de eventos que lhes deem uma chance de voltar a ter contato com amigos ou conhecer seus heróis. Essa foi a dinâmica que fomentou o improvável sucesso de Jayson Gaignard, o fundador da Mastermind Talks, no mundo das conferências.

Era agosto de 2012, e Gaignard estava em maus lençóis. Ele tinha construído um negócio de sucesso com revenda de ingressos no Canadá, mas — não era fã de esportes ou música ao vivo — detestava o ramo e queria sair. Ele estava com uma dívida de US$250.000, um bebê de seis meses e um casamento iminente. Por causa da filha, muitas vezes trabalhava até tarde, motivo pelo qual estava acordado às 4h quando recebeu o e-mail de Tim Ferriss.

Ferriss, autor de *Trabalhe Quatro Horas por Semana*, foi um dos heróis de Gaignard no mundo dos negócios. Alguns meses depois, Ferriss lançaria a tão esperada sequência, *The 4-Hour Chef.* Mas o sucesso do livro corria risco, porque ele tinha assinado um acordo de publicação com a Amazon e livrarias físicas, como a Barnes & Noble, que se recusavam a fazer estoque do livro em sinal de protesto. Para aumentar as vendas, Ferriss teve que usar a criatividade. Assim, ele — um típico notívago — enviou uma mensagem para sua lista de e-mails altas horas da noite, anunciando uma oportunidade única: fazer um pedido antecipado de 4 mil exemplares de seu novo livro. Para levantar um total de US$84.000 ele faria duas palestras importantes para você ou sua empresa.

Apesar do preço, Gaignard sabia que a oferta não iria durar. "Essa é uma ótima oportunidade para todos", pensou. Assim, imediatamente enviou um e-mail para Ferriss e aceitou o negócio. "Eu tinha basicamente três dias para conseguir US$84.000", conta. Ele não tinha ideia de como arrumaria o dinheiro, ou mesmo se cumpriria o prazo de Ferriss, mas sabia que encontraria uma solução. Naquele dia, contatou três amigos que talvez pudessem ajudar. O primeiro queria falar sobre números e taxa de retorno, porém Gaignard simplesmente não tinha tempo para isso. O segundo estava interessado em algo mais elaborado e queria lançar um negócio em sociedade. Mas Gaignard só podia focar uma coisa: levantar o dinheiro.

Finalmente, ligou para o terceiro amigo, que lhe disse: "Venha ao meu escritório; você pode pegar o cheque." Não havia contrato, não havia nada. A rede de contatos de Gaignard tinha chegado até ele e, com essa nova oportunidade, ele se perguntou se poderia potencializar a força da rede de amigos e admiradores de Ferriss.

Gaignard sabia que Ferriss era uma figura cultuada no mundo dos negócios — alguém que até as celebridades conhecidas queriam por perto. Ele se deu conta de que podia criar um grande evento a partir do zero usando Ferriss como elemento-chave. "Eu conseguiria reunir pessoas que queriam entrar em contato com ele ou que já estavam, porém, nunca estariam no mesmo lugar na mesma hora", lembra-se Gaignard. "Eu poderia usar o evento como catalisador para o reconectar com todos os seus amigos." Como resultado, ele conseguiu formar um grupo poderoso de palestrantes para esse evento, incluindo o designer Marc Ecko e os escritores Ryan Holiday, James Altucher e A. J. Jacobs.

Gaignard também criou um pequeno incentivo financeiro com o intuito de estimular a competição — um prêmio de US$25.000 para a melhor palestra. Um palestrante, ele lembra, "na verdade recusou uma remuneração de US$30.000 para falar na Mastermind Talks a fim de concorrer ao prêmio de US$25.000". Ele perdeu. Todavia, a estratégia inteligente de Gaignard para ajudar os palestrantes a potencializarem a própria rede de contatos de elite fez com que apostasse todas as cartas no jogo.

Decidindo Quanto Cobrar dos Participantes de Sua Conferência

O próximo problema de Gaignard, logicamente, era quanto cobrar dos participantes. Apesar da experiência em revenda de ingressos e eventos esportivos, no início ele não tinha certeza do quanto cobrar. Afinal, nunca tinha organizado um evento.

Ele sabia que quanto mais alto o preço, mais o evento se revestiria de exclusividade. E um valor elevado do ingresso também lhe daria mais liberdade para selecionar os participantes. Contudo, sem um histórico anterior, ele hesitou em cobrar muito. E se ninguém se interessasse em participar?

Inúmeros de seus amigos bem-sucedidos o aconselharam a cobrar no máximo US$1.000 por ingresso, ainda assim, ele decidiu fazer um teste "A/B", no qual oferecia a mesma entrada a dois preços diferentes para constatar a hipótese. Acontece que seus amigos estavam errados.

"Eu queria selecionar o público, e o interessante foi que, ao elevar o preço para US$3.300, tivemos exatamente o mesmo número de participantes — e todos eram profissionais mais qualificados", diz. No final, Gaignard conseguiu atrair 4.200 inscrições com entradas de US$3.300 em seu primeiro evento, todos seduzidos pela chance de ver Ferriss e outros palestrantes proeminentes. Ele selecionou 150, avaliando-os por meio de telefonemas pessoais para assegurar que contribuiriam para a dinâmica do grupo. Ele conta: "Minha filosofia é realizar uma experiência com um grupo pequeno, exceder as expectativas, gravar a experiência em vídeo e, assim, nunca mais ter que vender o evento de novo."

Ele organizou muitas conferências Mastermind Talks, mas deixa em aberto a possibilidade de parar a qualquer momento. "Quando um evento termina (naquele ano), nunca me comprometo com outro em seguida", diz ele. "Paro e apenas reflito: *Quero fazer isso de novo?*" Ele não quer que os eventos fiquem entediantes ou repetitivos — nem para ele, tampouco para o público.

"Se usar o mesmo espaço e formato, é fácil comparar: 'Ah, o primeiro ano foi melhor do que o segundo'", afirma Gaignard. "Mas agora que estamos realizando um evento itinerante, cada local e formato são diferentes e, portanto, cada experiência também. Dá muito mais trabalho, pois se eu usasse o mesmo local do ano passado, conseguiria planejar o evento em um fim de semana... Há um ótimo ditado que diz: 'Vá além das expectativas, pois, assim, você terá menos concorrência', e essa é uma das áreas em que muitas pessoas são negligentes."

Além de mudar o local todos os anos — de Toronto à Califórnia, e o evento em si —, Gaignard também mais que dobrou o preço, para US$7.500 na conferência de 2016, quase os US$8.500 que o *TED*, conferência internacionalmente conhecida, cobrava na época. Em virtude dos milhares de inscritos que o evento atraiu desde o início, seria fácil fazer com que o evento ficasse mais acessível a um público maior e crescesse exponencialmente em tamanho. Todavia, isso estragaria o que o evento tem de mais especial, Gaignard acredita. "O que faz o Mastermind Talks único é o ambiente de companheirismo", diz. "Então, em vez de aumentar o tamanho, todos os anos aumentamos o preço e elevamos a qualidade dos participantes."

Isso é feito em parte por meio de entrevistas pessoais meticulosas com os novos interessados. Ele relata ter à disposição US$48.000 de ingressos pagos para o reembolso — dinheiro que já estava na conta dele — de possíveis participantes de sua primeira conferência, que, em sua opinião, não se encaixavam. Mas Gaignard também toma a decisão incomum de selecionar antigos participantes que desejam voltar. "Tradicionalmente, permitimos que somente 1/3 dos participantes voltem" diz ele, "a fim de manter a conferência renovada". Para sua conferência de 2015, em Napa, "tínhamos 107 formulários de inscrição, sendo 45 vagas reservadas (para antigos participantes) de retorno. Foi terrível escolher esses 45".

Gaignard presta muita atenção ao evento em si, "e existem muitas razões para eu recusar alguém", declara ele. "Caso alguém não seja autêntico e se mostre de um jeito totalmente diferente do que realmente é, acaba sendo um motivo. Este ano, havia uma pessoa muito bem-sucedida, mas que não era treinável. Essa pessoa foi para a conferência e agia como um sabe-tudo." Mas às vezes simplesmente não há lugar para todos que querem participar. Ele diz: "Este é o ponto nevrálgico deste ramo; é difícil preparar 60 conversas desagradáveis em que você tem que apresentar as razões pelas quais as pessoas não podem voltar."

No final das contas, no entanto, o modelo de Gaignard lhe permite organizar um evento altamente lucrativo, do qual é o único supervisor. Ao possibilitar que os outros desenvolvessem redes de contato melhores, ele conseguiu com sucesso se colocar no centro da maior elite do mundo dos negócios.

Experimente:

Caso tenha interesse em planejar uma conferência, pense no seguinte:

- Faça uma lista das melhores e piores conferências a que já assistiu. De qual gostou mais e de qual gostou menos? Por quê? Como você criaria um evento que refletisse seus valores e preferências? O que faria com que sua conferência se diferenciasse no mercado?

- Se estiver interessado em organizar uma conferência, comece mapeando os detalhes de sua visão futura. Onde você a realizaria? Em que época do ano? Qual seria seu tamanho? Quais palestrantes participariam? A conferência teria um tema global? Qual seria a vantagem oferecida aos palestrantes? Como seria diferente das outras conferências atualmente no mercado?

- Em termos gerais — e muito antes de decidir qualquer plano de ação —, comece a analisar preços. É útil saber mais detalhes para que possa tomar uma decisão consciente. Quais são os preços de aluguel dos centros de conferência? E de comida e bebida? Quanto será para reservar um andar de quartos em um hotel? Com qual antecedência é preciso fazer a reserva? Quais são as políticas de cancelamento? Quanto os palestrantes importantes que quer contratar cobram? Alguns telefonemas podem ajudá-lo a traçar uma estimativa, e isso lhe permitirá determinar se e quando deve realizar o evento.

Ofereça Workshops Presenciais

Levesque administra grupos mastermind em andamento, e Gaignard organiza uma conferência anual com palestrantes e diversos contatos. Porém, um outro modelo de monetizar reuniões presenciais de seus seguidores é realizar treinamentos e workshops.

Michael Port, autor de *Book Yourself Solid*, começou sua carreira como ator profissional formado pela universidade de Nova York. Ele se destacava no palco; desse modo, as palestras e apresentações se tornaram o centro de seu negócio. Durante anos, nunca lhe ocorreu começar um negócio que ajudasse outras pessoas a fazerem a mesma coisa. Mas, por fim, ele recebeu tantos pedidos de coaching que não os pôde ignorar.

Ele conta: "Muitas pessoas na comunidade do *Book Yourself Solid* também realizavam palestras, profissionalmente ou, a maioria, para disseminar sua mensagem e conseguir fechar negócios a partir delas. Falei: 'Deixe-me administrar isso.'" No início, dava uma aula de um dia sobre oratória, e graças à boa receptividade ele a aumentou para dois. Ele queria se certificar de que realmente havia mercado para o produto. "Acho que fiz oito dessas aulas especiais ao longo de um ano e meio", calcula ele.

Visto que ele havia criado a demanda para o treinamento em oratória, montou um pacote de ofertas relacionado ao treinamento. Em 2015, publicou um novo livro, *Steal the Show*, descrevendo sua metodologia de oratória, o que chamou atenção e gerou leads. Ele também criou um curso online de US$500 sobre o conceito de "Oratória Heroica", [transformar uma fala a uma pessoa ou plateia em uma performance, uma atuação] e realizou uma reunião anual para aproximar os participantes, com ingressos que variavam entre US$1.000 e US$6.000, dependendo do pacote escolhido. No primeiro ano, Port me convidou para me apresentar em um painel sobre palestras profissionais de negócios, em que compartilhei algumas das estratégias que descrevi no Capítulo 5, como a importância de criar conteúdo a fim de atrair pesquisas a respeito de palestras.

Na reunião presencial, Port mostra seu método e o melhor material, passa um sentimento de camaradagem de grupo e de comunidade, e consegue apresentar suas ofertas futuras diretamente a seus melhores clientes — isto é, os existentes — que possam lhes interessar. Isso inclui o "programa de pós-graduação", um pacote intensivo de US$20.000, no qual os alunos viajam para a Filadélfia e passam 16 dias realizando um estágio ao longo de um período de quatro meses. Port aluga um teatro com vários espaços de atuação, e os alunos passam dias ensaiando. "Usamos o modelo de um conservatório", diz ele. Em sua primeira edição, o programa atraiu 20 participantes. Quando você tem uma base de admiradores dedicados e os reúne, isso pode lhe conferir um retorno poderoso. Port afirma: "Quando anunciamos o programa no evento (Oratória Heroica), os ingressos se esgotaram de imediato."

Ele também acredita que é importante manter sua comunidade interessada com a atualização constante de novas oportunidades. (E desconsiderar outras quando ficarem ultrapassadas, como abolir o aspecto presencial de seu programa mastermind, conforme discutido anteriormente, no Capítulo 4, sobre coaching e consultoria.) "Quando as pessoas veem as mesmas ofertas, começam a se entediar", diz ele. "Mas se você mostra algo que nunca viram, elas dizem: 'Opa, o que é isso?'"

No verão de 2016, ele decidiu promover uma nova iniciativa: um retiro de cinco dias para aspirantes a escritor, juntamente com o amigo Mike Michalowicz (que fundou o grupo de indicações de palestrantes do qual Port e eu participamos). Eles alugaram três propriedades na baía Chesapeake, e 20 participantes se reuniam todos os dias para arregaçar as mangas e trabalhar em seu livro ou projeto. O preço era alto — US$10.000 por pessoa —, bem como o teor do problema a ser resolvido: no final da semana, os participantes teriam finalmente completado o programa.

Lançar uma oferta nova, diz Port: "Prende a atenção das pessoas. Todos os anos, teremos uma ou duas coisas diferentes que não exigem um desenvolvimento enorme de conteúdo", porque Port está concentrado nos temas — como escrever livros — nos quais tem muita experiência. "Se funcionar muito bem, nós o repetimos", conta ele. (Contudo, apresentar eventos ao vivo não é necessariamente um jeito fácil de ganhar dinheiro. Para algumas ideias sobre as dificuldades que podem surgir, veja o quadro "Os Desafios dos Eventos ao Vivo".)

Experimente:

Enquanto avalia as opções para eventos presenciais, pergunte-se:

- Sobre quais temas as pessoas lhe pedem ajuda constantemente? Esses temas podem ser ensinados em um evento ao vivo?
- Suas ofertas ficaram ultrapassadas ao longo dos anos? Será que precisa aposentar algo?
- Você tem um ou dois eventos, ou ofertas novas que poderia lançar este ano? Como identifica se seu público está interessado (pesquisa por e-mail, discussão de grupos focais, oferta de piloto etc.)?

Os Desafios dos Eventos ao Vivo

Hoje, Jordan Harbinger é um podcaster conhecido graças a seu programa *Art of Charm*, que foca com eficácia o uso de linguagem corporal, persuasão e carisma. (Inicialmente, o programa se concentrava em namoros e relacionamentos, mas evoluiu para enfatizar como essas técnicas são empregadas em um contexto profissional.)

No final dos anos 2000, porém, antes de os podcasts ficarem populares, Harbinger era só um jovem advogado de Wall Street com um hobby. Para sua surpresa, ele lembra: "Comecei recebendo e-mails dizendo: 'Ei, vocês podem me ensinar pessoalmente as coisas de que falam no programa?'" Harbinger conta: "Eu pensava: 'Não, eu trabalho em Wall Street. Não tenho tempo para isso.'" Mas depois de muita insistência ele cedeu.

Harbinger e seu sócio começaram cobrando US$100 por uma sessão à tarde. Porém, depois de uma bronca de um colega da faculdade de administração que os incentivou a cobrar mais, eles começaram a aumentar os preços. Hoje, têm um programa de aprendizagem de uma semana em Los Angeles que custa entre US$6.000 e US$8.000.

As margens de lucro em eventos presenciais podem ser para lá de tentadoras. Mas Harbinger adverte que não são um jeito fácil de ganhar dinheiro. "Adoro treinamento ao vivo; meus coaches adoram treinamento ao vivo", diz ele. "Porém, há muito mais despesas do que as pessoas pensam. Você tem que contratar pessoas que não vão se demitir, atrasar, roubar ou cometer erros e causar problemas para os clientes porque não são as donas. Você tem que estar no local em momentos específicos, assim como em qualquer atividade. As pessoas esperam de você um desempenho excelente. É ótimo, mas o problema é que a escalabilidade é baixa e muito difícil."

(continua)

Harbinger construiu um negócio extremamente bem-sucedido de sete dígitos. Mas, mesmo assim: "Se eu tivesse que fazer tudo novamente, pensaria em algum modo de não fazer treinamento presencial", admite. "Acho que provavelmente em cada campo de treinamento que supervisionamos, todas as semanas o voo de alguém se atrasa, e temos que controlar isso. Um dos instrutores fica doente. Alguma coisa quebra e precisa ser trocada, seja uma cama onde as pessoas estão dormindo, ou o forno, e eles não podem cozinhar. Você tem que tratar de tudo."

Eventos presenciais ocasionais podem ser uma forma gratificante de ampliar seu negócio. John Corcoran, o advogado que tem tido muito sucesso com marketing de programa afiliado, organizou alguns retiros de altíssima qualidade com preços de até US$4.000 por pessoa. "Realmente gosto muito de fazer isso e acho que a atividade complementa outros trabalhos que faço", diz ele. "Gosto de viajar e não viajo tanto quanto costumava antes de ter filhos, então sonho com esses locais fantásticos", como Austin e Napa, onde realiza os eventos. Ele planeja realizar reuniões futuras em seus locais preferidos, incluindo Cuba e ilha Necker, o paraíso particular de Richard Branson.

O modelo de Harbinger, porém, com grupos regulares de novos participantes chegando todas as semanas, pode ser exaustivo depois de algum tempo. "Não recomendo necessariamente que as pessoas comecem um negócio de treinamento presencial", aconselha. "É muita coisa acontecendo. É um trabalho difícil... Olhe, há muitas outras formas de ganhar dinheiro. Não tente fazer isso. É dureza." Mesmo Corcoran decidiu parar de oferecer seus retiros como evento autônomo, e agora os inclui como parte de um grupo de mastermind mais amplo que organiza, o que faz o planejamento e preenchimento de vagas menos cansativo.

Os eventos presenciais podem ser divertidos — e lucrativos. Mas antes de começar a planejar um, seja realista sobre a logística envolvida e tenha certeza de estar totalmente preparado.

Neste capítulo exploramos o poder de reunir seus seguidores em vários tipos de eventos presenciais. Essas experiências são uma forma incomparável de formar comunidades, mas os desafios de logística podem fazer profissionais talentosos se perguntarem: Há uma forma mais fácil de criar uma experiência de aprendizado significativa? É aqui que entram os cursos online — o assunto do próximo capítulo.

Como Iniciar o Próprio Grupo Mastermind Remunerado

Liz Scully é uma irlandesa criada no Paquistão que hoje não se prende a lugar nenhum, dividindo seu tempo entre Nova York, Londres e Colorado. Ela ganha a vida administrando grupos de mastermind para ajudar donos de empresas a enfrentarem seus maiores desafios, tanto sozinha quanto trabalhando para autores e empresários renomados que querem terceirizar e facilitar o cotidiano dos masterminds que patrocinam. Ao longo dos cinco anos que ela os vem organizando, desenvolveu inúmeras estratégias e melhores práticas de como criar um grupo eficiente. Segundo Scully, você tem que acertar nos seguintes aspectos:

O tamanho certo. Masterminds não precisam ser — e, muitas vezes, não devem ser — muito grandes. "Meu tamanho preferido é de cerca de quatro pessoas", diz Scully, "mas supervisiono entre três e seis (pessoas)". Para seus clientes, ela está disposta a administrar grupos de até oito pessoas, porém "isso é um pouco demais", porque ela quer ter certeza de que todos tenham tempo para falar e ser ouvidos durante as reuniões.

A frequência certa. Não há uma regularidade perfeita para grupos mastermind se encontrarem; isso depende de suas necessidades. Scully prefere ter reuniões de grupo (chats em webinários de duas horas, que as pessoas podem acessar de qualquer lugar do mundo) a cada duas semanas. "Assim você tem tempo suficiente para estabelecer metas e realmente as cumprir", diz ela. Alguns tipos de grupos se beneficiam de verificações regulares — por exemplo, se todos tentam escrever livros ou perder peso, reuniões semanais

(continua)

podem fazê-los se responsabilizar pelo progresso. Mas para profissionais muito antigos, é provável que o foco do grupo seja estratégia, e isso não pode ser alcançado em uma ou duas semanas; reuniões mensais são mais adequadas.

A faixa de preço certa. "A maioria dos masterminds administrados por profissionais cobra entre US$500 e US$2.000 por mês", diz Scully — portanto, entre US$6.000 e US$24.000 por ano. Dependendo da faixa de preço, isso geralmente inclui entre uma e três reuniões pessoais por ano, além de calls ou webinários regulares. Se estiver interessado em iniciar um, não é uma ideia ruim realizar uma "versão beta" com um grande desconto em troca de feedback, depoimentos e indicações. Mas quando você começar, apresentar uma faixa de preço baixa pode realmente prejudicar seu negócio. Se você trabalha com clientes corporativos, Scully diz: "Apresentar um mastermind que custa US$1.000 por três meses não impressionará ninguém. Isso vai desvalorizar sua marca." Levesque levou essa abordagem a sério com seu grupo mastermind de US$35.000, que está solidamente subindo para uma faixa de preço de US$50.000 por ano. De fato, Scully tem visto alguns grupos mastermind de elite com preços de até US$100.000 por ano, embora em uma faixa de preço mais elevada "você costuma obter mais que só um mastermind... recebe treinamento, coaching individual, um retiro. É o pacote completo".

As pessoas certas. O mais importante de tudo é ter a combinação certa de pessoas em seu grupo, porque se você reunir pessoas com metas totalmente divergentes ou personalidades incompatíveis, o grupo pode se enfraquecer ou se desfazer. Primeiro, diz Scully, foque suas metas. Ter metas semelhantes é importante para a concentração e camaradagem; se uma pessoa quer que o próprio negócio gere uma receita de um milhão por ano e a outra, perder 100 quilos, elas podem compartilham muita coisa nesse contexto. Porém, um pouco de diferença é essencial; os participantes provavelmente não querem compartilhar informações financeiras e segredos de negociação.

Sincronização também é essencial. Mesmo que ambas as partes queiram ganhar um milhão de dólares por ano, têm que estar em trajetórias relativamente semelhantes; alguém que atualmente faz US$800.000 provavelmente terá necessidades e experiências muito diferentes de alguém que acaba de abrir o negócio e mal ganhou seu primeiro dólar. Personalidades também são importantes. "Se há oito introvertidos em um mastermind, ninguém vai falar", afirma Scully. "Da mesma forma, com oito extrovertidos, ninguém vai parar de falar." Não aceite simplesmente alguém que esteja interessado. "Normalmente, recuso de 30% a 40% das pessoas", diz ela. Isso não significa que eu nunca mais vá trabalhar com elas, apenas que elas simplesmente não combinam com o grupo atual.

Solucione o problema de uma dinâmica ruim. Você trabalhou pesado para reunir um grupo ótimo; mas, inevitavelmente, às vezes erros ocorrem, ou as circunstâncias de vida das pessoas mudam. "É importante agir depressa", diz Scully. "Se estiver indo para o lado errado, não vai melhorar se você não intervir." Se for evidente desde o início que alguém não se encaixa, você, como líder, precisa falar com ele, verificar como se sente e decidir se ele quer, ou pode, mudar o comportamento ou se é melhor deixá-lo ir embora. "É uma atitude corajosa, pois é óbvio que você terá que devolver o dinheiro", diz ela. "Especialmente se forem US$25.000, é difícil dizer: 'Você não se encaixa — sinto muito.' Mas em longo prazo é melhor para você (e para o grupo)."

Novos membros não são os únicos que podem cometer erros. Às vezes, até a data do mastermind, um grupo sólido pode parar de frequentar as reuniões, constantemente chegar atrasado ou pode ter alguém que perturbe o andamento das atividades. "Eu chamaria essa pessoa de lado e descobriria o que está acontecendo", diz Scully. "Normalmente, é uma entre três coisas. Um divórcio, doença ou problema financeiro. Quase sempre." Da mesma forma, você precisará identificar se a pessoa pode solucionar o problema ou se precisa ir embora.

(continua)

Experimente um grupo mastermind. Um erro surpreendente que Scully vê com frequência entre os novatos são profissionais que querem iniciar um grupo mastermind e, no entanto, nem mesmo participaram de um. "É um pouco como decidir correr uma maratona quando você nunca correu nem para pegar o ônibus", diz ela. Ao participar de um grupo como membro, você pode desenvolver sua sensibilidade e decidir de quais práticas gosta ou quer evitar disseminar. Você também pode experimentar diretamente a dinâmica de grupo e saber como detectar problemas iminentes. A experiência lhe permite tomar decisões conscientes sobre a comunidade que deseja criar.

Começando sem uma lista. É muito mais fácil preencher um mastermind com participantes qualificados quando se tem uma lista sólida de seguidores entre os quais escolher. Mas, mesmo que não a tenha, Scully diz que isso não o deve deter. Comece mapeando a visão exata de como quer que o grupo de mastermind seja e a quem gostaria de atender. Scully diz: "A melhor forma de preencher um mastermind é esclarecer a quem ele se destina. Escreva uma lista de pessoas ideais... que realmente se encaixam no objetivo. Depois, ligue para elas e ofereça seu produto. É simples assim." Aparentemente isso não é nada simples — você realmente conhece uma dúzia de pessoas que pagariam US$1.000 para participar de um grupo mastermind? Porém, essa tática funcionou para Scully, que apresentou um programa de US$5.000 para 42 pessoas, e recebeu cinco respostas afirmativas. Ela também tem uma cliente que ganha US$500.000 por ano só com seus grupos mastermind, e sua lista de e-mail tem menos de 250 pessoas.

Lembre-se também de que outras pessoas podem o ajudar a criar sua lista de e-mails por meio de indicações. Quanto mais claro seu cliente ideal estiver para você, maior é a probabilidade de que outros possam ajudar a encontrá-los. Esse realmente foi o caso de Selena Soo, cujo grupo de mastermind de mais de US$20.000 por ano focado em publicidade foi mencionado no Capítulo 4. Como explica: "Fiz uma lista de todas as pessoas que eu conhecia e que sentia estarem ligadas ao meu cliente ideal, significando boas fontes de referências." Ela explicou que procurava profissionais já bem-sucedidos que queriam aprender como potencializar a exposição na mídia e o perfil público.

Por exemplo, ela ligou para um contato que administrava um site focado em desenvolvimento pessoal, autoajuda e saúde e, por isso, conhecia muitos profissionais bem-sucedidos que contribuíam para o site. Soo disse: "Liguei para ele e para pessoas como ele, e disse: 'Estou organizando um mastermind e estou muito entusiasmada. Estou fazendo tal coisa e gostaria de saber se você conhece alguém.'" Ela encontrou participantes quase exclusivamente por indicações, incluindo uma feita por mim, porque ela mostrou claramente que tipo de cliente procurava. Indicações são uma estratégia poderosa porque, a menos que você tenha uma lista muito grande ou específica, é provável que não tenha um número suficiente de pessoas a seu alcance imediato que possam pagar uma faixa de preço elevada.

Experimente:

Se estiver pensando seriamente em iniciar um grupo mastermind, pergunte-se:

- Como seria o grupo mastermind ideal que gostaria de criar? Quantas (e que tipo de) pessoas se reuniriam, com que frequência e qual seria a faixa de preço? Seria em formato totalmente virtual ou você também incluiria reuniões presenciais?

- Pense sobre onde poderia encontrar os primeiros membros. (Se já apresentou um Dia do Mastermind, isso é um bom balão de ensaio; você sabe que essas pessoas estão interessadas em contatar profissionais com opiniões semelhantes.) Quem mais você conhece com conexões na comunidade a que gostaria de atender? Eles podem lhe dar indicações?

PARTE TRÊS

Potencialize Seu Alcance e Influência Online

CAPÍTULO 9

Alavanque Sua Plataforma Criando um Curso Online

Para muitos empreendedores, criar um curso online é um passo natural rumo à potencialização de seu alcance e influência. Todavia, como alguns aprendem do jeito mais difícil (inclusive eu), elaborar e lançar um curso pode ser um *verdadeiro* processo de aprendizado.

Neste capítulo vou contar histórias de sucesso — e fracassos — das quais você pode tirar várias lições interessantes, incluindo a importância de entender o que seus clientes querem, testar suas ideias, ouvir seu público, elaborar uma narrativa convincente, sondar seu público, lançar um piloto, estabelecer preço para o curso (incluindo níveis premium) e, finalmente, fazer o maior sucesso em seu primeiro lançamento.

Entenda o que Seus Clientes Querem

Era difícil ignorar o campo do assunto: "Pago de US$1.000 a US$25.000 por algumas horas de seu tempo." Eu poderia ter deletado esse e-mail como spam, porém conhecia o remetente: Jared Kleinert, um ambicioso colega escritor que — aos 19 anos — havia publicado um livro sobre jovens empreendedores emergentes e futuros líderes.

"Estou pensando em criar meu primeiro produto de informação centrado em auxiliar as pessoas a encontrarem a independência financeira", escreveu ele para mim. "Eu gostaria que você fosse um entre os dez pensadores de vanguarda escolhidos para ser entrevistados sobre um possível produto de informação, e eu lhe pagaria no mínimo US$1.000 pelo seu tempo, além de dividir as comissões meio a meio como parceiro de empreendimento, caso queira ajudar a promover o curso." Como uma pessoa sensata poderia recusar?

Então aceitei, juntamente com o podcaster John Lee Dumas e outros. A ideia era de que os participantes do curso recebessem uma dúzia de aulas intensivas a respeito dos inúmeros meios de como monetizar, desde o uso de podcasts, vlogs no YouTube, até (como era meu caso) a criação de redes de contatos.

Porém, alguns meses depois, as coisas não tinham funcionado como planejado. Como Kleinert escreveu em um post excepcionalmente transparente no blog da *Forbes*:

> US$997 / US$11.000 / US$0
>
> O primeiro número representa o custo de varejo para se inscrever em um curso chamado *Yourself with Wealth*, que disponibilizei há duas semanas. O segundo número é a quantia que concordei em pagar (no total) para meus vários parceiros e instrutores por dez entrevistas individuais de uma hora de duração, além da edição de quatro vídeos diferentes usados para ajudar a vender o curso.
>
> O número final é a quantia referente às vendas que fechei quatro dias depois do lançamento. Fracasso total.[1]

O que saiu errado? Cursos online podem ser uma forma fantástica de monetizar seu conhecimento. Mas como mostra a experiência de Kleinert, também há um risco — a atração pelo retorno rápido. "Acho que, como empresários, gostamos muito de correr atrás de novas ideias", diz ele, "como um curso legal de marketing na internet em que você joga alguns números na cabeça e acha que pode chegar aos seis dígitos em dois meses".

Kleinert achou que sua ideia tinha futuro. As pessoas estavam realmente interessadas em como ganhar dinheiro online; era uma indústria em expansão. Graças à sua sólida rede de contatos, ele podia recorrer a um número impressionante de instrutores e, através de seus seguidores, podia potencialmente atingir um público grande.

Entretanto, conforme percebeu mais tarde, tinha falhado em um ponto essencial. "Nunca entrevistei possíveis clientes", contou ele. "Deixei isso totalmente de lado porque tinha muita pressa em ganhar dinheiro rápido." O fato de ter feito o lançamento imediatamente antes do dia de Ação de Graças, quando vários clientes em potencial estavam distraídos com viagens, obrigações familiares ou economizando para os presentes de fim de ano, também não ajudou. E ele acabou se dando conta de que sua oferta de pagar os participantes foi contraproducente. Eles aceitaram muito depressa — quem não quer ganhar US$1.000 por uma hora de seu tempo? —, todavia, não estavam muito comprometidos em promover o curso para seu público como estariam se essa fosse sua única fonte de renda.

Em alguns pontos — como vendas realizadas — o empreendimento de Kleinert foi realmente um fracasso. Mas ele também fez algumas coisas certas. Para começar, manteve os custos baixos. O orçamento dele para o lançamento era mínimo, apenas algumas centenas de dólares em software e custos de edição de vídeo. Ele só prometeu US$1.000 por entrevista feita; então, quando as vendas não se realizaram, não ficou em uma situação difícil por causa desses custos.

Ainda mais grave, para usar o jargão do Vale do Silício, ele "falhou rápido". Ele diz: "Achei um modo de testar uma ideia de marketing na internet, um curso online, provavelmente em seis semanas, enquanto a maioria das pessoas gastaria de seis meses a um ano elaborando o projeto e tentando vendê-lo." Em vez de elaborar meticulosamente o produto para depois lançá-lo, ele tentou vendê-lo antes de sua criação, e, quando não atraiu nenhum interessado, conseguiu encerrá-lo rapidamente.

Em vez de esconder sua derrota e escapar de fininho, ele se manifestou em público, contando o que aprendeu em um artigo na *Forbes*. "Assim que o publiquei, todos disseram o quanto era vulnerável e transparente", conta ele. "Não há motivo para não ser vulnerável... Acho que este é um ponto positivo. Acho que ganhei o respeito das pessoas."

Kleinert partiu para outros empreendimentos, incluindo um livro novo. Porém, ele aprendeu com as lições. "Você tem que desenvolver algo ao longo do tempo", aconselha ele. "Você tem que perguntar a seus clientes o que querem. Precisa criar algo que é valioso para eles e o aperfeiçoar com o tempo."

Teste Suas Ideias

Caso sua meta seja lançar um curso, não vender nada é deprimente; agora, tem coisa bem pior: vender somente *um*. Em 2010, o empresário Danny Iny, de Montreal, criou um curso online, uma obra-prima chamada "Marketing que Funciona". Mas o título logo mostrou ser irônico, porque as vendas foram péssimas. Iny diz: "Lançamos essa coisa... e uma pessoa a comprou. Nos seis meses seguintes, toda bendita semana, eu tinha que trabalhar para terminar a aula para esse único aluno."

Relembrando, ele diz: "Trabalhei seis meses da minha vida por US$1.000. Eu não queria fazer isso de novo." Ele começou a procurar oportunidades para promover o curso. Talvez, pensou, postar como convidado nos blogs de outras pessoas funcionasse. Ele apresentou um artigo para o conhecido site *Copyblogger*, e foi um sucesso: mais de 200 comentários e 900 tuítes. O mais importante foi que ele direcionou esse fluxo para seu site, e, desse modo, começou a achar que talvez isso impulsionasse as vendas do curso. Ele decidiu dobrar as apostas.

Iny começou a promover o curso em vários outros blogs conhecidos, e quase todos disseram sim. Dentro de um ano, tinha escrito posts como convidado em mais de 80 sites. "As pessoas começaram a perguntar: 'Como você consegue? Você pode me ensinar?'", lembra-se ele. "Quando um bom número dessas respostas chegou espontaneamente, pensei: 'Ok, há demanda. Mesmo sabendo que já me queimei antes, acho que devo tentar de novo.'" Assim, Iny lançou outro curso online sobre como ter sucesso sendo convidado em blogs. Ele o chamou de *Write like Freddy*, uma referência divertida ao comentário de um fã a respeito de como ele estava em todos os lugares — pois, através de seus blogs, ele parecia estar em todos os lugares ao mesmo tempo, assim como o vilão dos filmes de terror da década de 1980, Freddy Krueger.

Dessa vez, porém, ele faria de tudo para não criar um curso com apenas um aluno. Iny enviou um e-mail para sua lista com milhares de pessoas, oferecendo 50 vagas em um programa piloto. Elas pagariam um preço reduzido pelo curso e teriam acesso pessoal a ele em troca de darem um feedback detalhado, enquanto ele desenvolvia o material do curso em tempo real. "Olhando para trás, essa é uma técnica de marketing brilhante, mas não porque eu elaborara uma ideia brilhante", diz Iny. "Apenas tentei cobrir minhas apostas e, se ninguém comprasse, eu teria até desistido."

Porém dessa vez — em razão de a ideia para o curso ter surgido gradativamente das solicitações dos clientes — a demanda estava ali. Ao contrário de sua primeira e hercúlea tentativa, que abrangia a visão de Iny de "tudo o que eu sabia que as pessoas precisavam" sobre marketing, *Write Like Freddy* surgiu como um curso mais curto e intensamente focado em um tema limitado. Participantes do curso piloto pagaram US$77, e o preço final foi de US$137. O curso foi um sucesso.

Ouça Seu Público

Na hipótese de você impor uma ideia ao mercado, como a combinação de diversas estratégias de monetização de Kleinert, pode ser difícil — quiçá impossível — encontrar seu público. Mas, às vezes, se ouvir com atenção, sua comunidade lhe pedirá exatamente o que quer, e o que normalmente é um processo árduo fica muito mais fácil.

Scott Oldford criou uma agência de marketing digital bem-sucedida, a *Infinitus*. Todavia, seus clientes pagavam por serviços do dia a dia, como copidesque, e isso demandava colaboradores e acarretava despesas. "Em 2014, realmente não tínhamos condições de obter lucro de uma receita de um milhão de dólares", conta ele. "Eu trabalhava 14 horas por dia e pensava: 'Há alguma coisa errada aqui.'" Ele sabia que precisava mudar seu modelo de negócios, mas não sabia bem como.

Então, certo dia, o filho de um cliente fez um pedido: "Scott, você pode me ensinar tudo o que sabe sobre marketing online?" Oldford, que nunca frequentou a faculdade, duvidou da própria capacidade, e recusou. Porém, o rapaz insistiu: ele não poderia usar a própria lista de e-mails? Se um número suficiente de pessoas se interessasse pelo curso, Oldford talvez reconsiderasse. Então, enviou uma breve mensagem: Se ele oferecesse o programa, estariam interessados? "Três horas depois, eu tinha vendido 24 participações a US$1.200", lembra-se ele.

Muitos cursos, objetos de esperanças e meras ilusões, definham. Porém, quando você acerta o que seu público realmente quer, o sucesso pode chegar depressa.

Elabore uma Narrativa Convincente

Quando tiver uma boa noção do que seu público quer, o próximo passo é comercializar seu produto com uma narrativa convincente, a fim de atrair compradores. O lendário profissional de marketing da internet, Jeff Walker, oferece alguns bons conselhos. (Veja mais detalhes da história de Walker no quadro "As Origens do Lançamento Online".) A essência do método de Walker é o que ele apelidou de *The Sideways Sales Letter.* Durante décadas, os redatores que elaboravam as malas diretas eram conhecidos no mundo dos negócios como os profissionais de marketing mais espertos e eficientes, criando cartas de vendas extremamente longas — às vezes dezenas de páginas — que atraíam um grande número de compradores com suas histórias detalhadas e envolventes. A ideia de Walker, basicamente, foi aplicar essas estratégias na versão online. Primeiro, limitado pelas restrições das conexões discadas, ele simplesmente criou versões em e-mail daquelas cartas detalhadas de vendas. Em 2000, conseguiu incorporar as mensagens de áudio e, alguns anos depois — quando cada vez mais pessoas tinham acesso à banda larga —, incorporou vídeos.

Ele aderiu ao formato de mídia de imediato. "Se você tinha que fazer uma venda, se sua vida dependesse disso, o melhor modo de fazê-lo era se sentar diante do cliente e o olhar nos olhos", afirma ele. Mas as vendas diretas não atingem um grande público. Vídeos, no entanto, chegam bem próximo disso.

Walker percebeu que o motivo pelo qual as cartas de vendas eram tão convincentes para os consumidores era a narrativa. "Trata-se de se destacar no mercado ao apresentar determinado valor e fazer isso de um jeito baseado em histórias, pois é através delas que as pessoas se comunicam, e essas histórias são incrivelmente cativantes", diz ele. "Se transformar seu marketing em um evento baseado em uma história, isso chamará a atenção das pessoas."

As Origens do Lançamento Online

Durante cinco anos, Jeff Walker foi um pai que ficava em casa cuidando dos dois filhos. Mas sua mulher sentia cada vez mais a pressão de ser a única provedora. "Ela acordava de madrugada e voltava para casa à noite, trabalhava o máximo que podia, e estávamos com dificuldade para pagar as contas", lembra-se. Ele sabia que precisava achar um emprego para ajudar. Seus pensamentos se voltaram para o mercado de ações, uma obsessão por anos. Era 1996, e a internet começava a decolar. "Tornar-me operador e ganhar dinheiro com a bolsa era meu sonho", conta. "O problema era que eu não tinha capital, não tinha nenhum dinheiro. Mas ouvi sobre essa ideia de publicar online."

Walker começou um boletim informativo via e-mail compartilhando suas ideias sobre o mercado de ações e o enviou a todos que conhecia e que tinham e-mail — incríveis 19 contatos. Porém, eles cresceram consistentemente por meio do boca a boca, e dentro de alguns meses ele conseguiu atrair 1,5 mil assinantes. "Eu tinha a ideia de que talvez pudesse lhes vender algo", fala. "Mas nunca tinha vendido nada na vida. Eu não tinha experiência em vendas nem em marketing. Tinha medo de pedir dinheiro."

Todavia, ele precisava começar a ganhar dinheiro para ajudar com as finanças da família. Então, em 1º de janeiro de 1997, Walker lançou a versão paga de seu boletim informativo — um primeiro exemplo do modelo "freemium", hoje popular no Vale do Silício, no qual todos acessam um modelo básico gratuitamente, mas os que estão especialmente interessados podem fazer um upgrade para uma versão paga com mais e melhores recursos.

"No início, eu não aceitava pagamentos online", lembra-se ele. "Aquilo era altamente complicado na época. Então, eu lhes enviei um longo e-mail que dizia: 'Se quiser pagar por isto, imprima e me mande um cheque', e foi o que fizeram." Esse primeiro lançamento rendeu US$1.600 — certamente um valor que não mudaria sua vida, mas uma primeira indicação de que o conceito funcionava.

(continua)

Cerca de seis meses mais tarde, Walker lançou o produto de novo, divulgando a oferta paga para seus assinantes gratuitos, explicando os benefícios. Nesse momento, tinha aperfeiçoado o material e tinha um produto concreto — o boletim informativo — para vender, em vez de apenas a promessa de criar um. Dessa vez, arrecadou US$6.000. "Foi um grande salto", diz ele. Por vender um boletim informativo via e-mail, não tinha custos de execução e seu produto era quase infinitamente escalável: ele tinha descoberto o caminho do lucro puro.

Nos anos seguintes, Walker continuou a desenvolver o negócio, incluindo um lançamento no início de 2000 que rendeu US$106.000 em sete dias. Em 2003, participou de uma conferência de marketing, e conversou com os participantes sobre suas experiências. "Meio que constatei que todos faziam o mesmo que eu", conta. Ele estava errado. Eles estavam assombrados com seu sucesso e queriam compreender suas técnicas. Foi então que deixou de escrever sobre o mercado de ações e ingressou em uma nova área: ensinar às pessoas como lançar negócios lucrativos online.

Hoje, a metodologia de Walker, que ele chamou de Product Launch Formula (PLF) ["Fórmula de Lançamento de Produto", em tradução livre], é encontrada em todo o mundo do marketing online. "Ele transforma seu marketing em um evento, quase um ritual, que chama a atenção das pessoas", diz.

As cartas contavam uma história em progressão lógica que despertava o interesse inicial e, assim, conquistava os consumidores aos poucos em direção à venda. Elas começavam com títulos chamativos, depois passavam para uma história fascinante, pontos importantes da compra, uma explicação da oferta, informações sobre preço, benefícios adicionais e garantias recebidas, e, finalmente, um pedido final para a compra.

Walker compreendeu que, com o vídeo, ele podia fazer a mesma coisa. Mas em vez de atrair as pessoas em *extensão* — isto é, uma carta de vendas realmente longa —, podia cultivar esse interesse e conexão ao longo do *tempo*, na forma de uma série de vídeos. Ele pensou no assunto quase matematicamente: em sua mente, mudava o eixo vertical, da extensão, para o horizontal, do tempo. Assim, ele criou o *Sideways Sales Letter*.

O primeiro vídeo, de fato, era também o título. "Trata-se da trajetória ou da oportunidade", diz. Ele explica como os clientes têm a oportunidade única de transformar suas vidas. Nesse caso, os vídeos promovem as oportunidades empresariais, mas outros que seguem a fórmula destacam as possibilidades de transformação que seus produtos ou cursos oferecem, como a capacidade de ficar saudável e perder peso, ou finalmente dominar seu jogo de golfe. Claro que é de suma importância que o primeiro vídeo, à medida que a jornada se desenrola, seja informativo e útil para o espectador, em vez de simplesmente mostrar um desfile de imagens de praias e Ferraris, flertando com as possibilidades irritantes de segredos não revelados — no final.

O segundo vídeo, conforme Walker, apresenta o equivalente aos tópicos de uma carta de vendas. "É onde você toma essa transformação e faz com que seja real para eles", diz. Ele expõe estudos de caso — relacionados a empresários que usaram seu *Product Launch Formula* (PLF) com sucesso — de forte teor educacional, à medida que os espectadores têm uma visão geral de como pensar sobre o tema que ensina. Assim, ele demonstra que domina o tema e antecipa um valor autêntico para eles via informações interessantes, sem compromisso.

O terceiro vídeo, segundo Walker, "oferece a eles o que há (no programa) e quais são as vantagens". Esse vídeo ainda é de teor educacional e apresenta estratégias úteis, mas começa sutilmente a se tornar uma oferta de venda, explicando "o que realmente estamos vendendo, o que realmente vão receber e como será". No final, há uma indicação para o quarto vídeo — o de venda. Eles anunciam: "No próximo vídeo, vamos lhe dizer como fazer isso", explica Walker.

Os três primeiros vídeos propiciam uma boa dose de inspiração, aspiração e educação. "A filosofia gira em torno de agregar valor antes de fechar a venda", fala Walker. Você precisa avançar cuidadosamente e oferecer mais informações e conhecimento a fim de amenizar as preocupações dos compradores em potencial: eles já entenderam que você é especialista, já usufruíram de seus ensinamentos e sentiram o gostinho de como seria participar de um programa mais completo. O quarto vídeo explica a oferta em detalhes e aborda a venda explicitamente.

De acordo com Walker, essa sequência extensa de vídeos costuma ser liberada ao longo de um período, necessário para se ganhar confiança quando se trata de compras expressivas, de duas semanas. "Quando você compra um litro de leite, não existe um processo demorado de venda." O mesmo não se aplica ao comprar uma Ferrari — o curso de Walker, vendido por US$2.000 em 2016, seria o equivalente a comprar uma Ferrari, só que online. Ele também acrescenta um período de carência. Depois de exibir os vídeos, Walker apresenta um período de tempo curto e claramente definido, normalmente de três a sete dias, no qual as pessoas podem comprar, o que ele chama de "carrinho de compras aberto" e "carrinho de compras fechado". Ele afirma que esse prazo é um motivo para lá de convincente para comprar agora, em vez de adiar a decisão por tempo indeterminado.

O imenso sucesso de Walker — o recente lançamento de seu curso PLF rendeu US$5 milhões, e mais de 15 mil pessoas passaram pelo programa — legitimou suas técnicas como padrão para muitos profissionais de marketing, que receiam desviar-se delas e sacrificar as vendas. De fato, Walker relata que, graças a suas técnicas, seus alunos ganharam coletivamente US$500 milhões em vendas com os lançamentos que fizeram.

Naturalmente, a padronização do método de Walker cria problemas ela própria. Embora o vídeo seja um meio pessoal que lhe permite falar diretamente com o público, é difícil de se destacar quando praticamente todos os outros profissionais de marketing online usam a mesma sequência e táticas.

Walker não se preocupa com isso; caso você domine a arte de contar histórias adequadamente, pensa, ela estabelece um vínculo com a natureza fundamental de como os seres humanos se identificam e veem o mundo. Com mais de duas décadas de experiência em marketing online, ele aperfeiçoou sua atividade; seus vídeos recém-lançados duram até 45 minutos, uma eternidade para o público distraído da era da internet. Porém, ele acredita que se aprimorar, em vez de afastar os espectadores, irá atraí-los ainda mais, e ele tem a experiência que prova isso. A questão é como os outros, usando a mesma estrutura, podem aplicar seus princípios. (Para a história sobre a minha experiência pessoal com lançamento de produtos, veja o quadro "Meus Primeiros Experimentos".)

Pesquise Seu Público

Ryan Levesque, que administra grupos mastermind de altíssimo nível, ficou conhecido por desenvolver a metodologia "Ask", através da qual defende estudar os clientes antes de tentar lhes vender qualquer coisa. Então, fiz o seguinte.

Em dezembro de 2015, enviei um e-mail para minha lista, que tinha até então cerca de 25.000 pessoas. A finalidade do título era chamar a atenção: "pergunta rápida", sem letras maiúsculas, de modo que parecesse o mais pessoal possível. Em marketing por e-mail, não se pode usar esse artifício em excesso — as pessoas ficarão aborrecidas e atentas —, mas para mensagens muito importantes é poderoso. Um total de 10.700 pessoas abriram o e-mail — uma taxa extraordinariamente alta de 43%, comparada às médias do setor de 20% a 25% —, e mais de 1.200 se dispuseram a responder uma pesquisa detalhada com dez perguntas.

A pesquisa começava com a pergunta que Levesque considera a mais importante de todas: "Qual é seu maior desafio profissional no momento?" Isso possibilita aos entrevistados responderem do jeito que quiserem, independentemente da linha de questionamento posterior. Você pode até ter convicções inabaláveis sobre suas dificuldades, porém essa pergunta inicial lhe permite detectar quais mensagens e produtos serão mais relevantes para eles. Então, fiz algumas perguntas sobre dados demográficos básicos (idade, gênero e se eram empresários ou trabalhavam em uma empresa) e pedi-lhes que avaliassem os temas sobre os quais escrevi (como marca pessoal, tornar-se um especialista reconhecido, rede de contatos etc.), e dissessem quais eram mais interessantes para eles.

O resultado foi fascinante. Primeiro, criar uma reputação como especialista reconhecido foi o tema mais popular entre meus leitores. Uma média de 20% dos entrevistados identificou como sendo esse seu principal interesse entre as opções listadas, 5% mais que qualquer outro tema. Foi um indício interessante, mas, adverte Levesque, não suficiente.

Você não procura apenas uma visão geral, mas identificar os temas que *seus admiradores mais entusiasmados querem*. O meio para identificar esse entusiasmo, diz ele, é quantificar a extensão de suas respostas; quanto mais longas, mais envolvidos estão com o tema. De fato, se você está perguntando sobre sua maior preocupação, faz sentido que a pessoa que responde simplesmente "emprego" ou "esgotamento" esteja menos envolvida do que a que se preocupa em escrever uma resposta atenciosa e detalhada.

Meus Primeiros Experimentos

Quando decidi lançar meu curso online, cuidadosamente dei um passo de cada vez. Naquela época, já tinha minha parcela de fracassos dispendiosos quando se tratava de lançar produtos. Por exemplo, nos primeiros dias da minha consultoria, decidi que seria uma medida inteligente registrar algumas de minhas palestras e gravá-las em CDs e DVDs. O custo chegou perto de US$1.500. Eu podia distribuir alguns gratuitamente para líderes de associações profissionais que poderiam me indicar para palestras, e poderia vender o resto em meus eventos por US$20 cada. Mas não demorou muito para que os DVDs se tornassem ultrapassados; qualquer pessoa interessada podia ver meus vídeos online. E somente três membros do meu público se dispuseram a comprar meus CDs — quatro, se contar o homem que me pediu três cópias em troca de as transcrever, e nunca entregou o trabalho. Foi um constrangimento duradouro, que não quero repetir.

Assim, quando tentei lançar meu primeiro curso online, em 2014, contratei uma empresa que filma e vende seus vídeos — sem custo — em troca de uma divisão 80/20 nas vendas (eles ficam com a maior parte). Não perdi dinheiro, mas quase não ganhei. Recebi alguns milhares de dólares em troca de provavelmente uma centena de horas de planejamento, viagens e aulas. Porém, a experiência tornou-se meu laboratório, e aprendi como as empresas mais consolidadas estruturam seus cursos online.

No ano seguinte, fiz outro teste, criando um curso muito mais curto em sociedade com uma empresa de comunicação. Levei apenas um dia para criar e filmar, em contraste com o tempo enorme despendido no ano anterior. O resultado também foi modesto — cerca de US$1.000 no primeiro ano —, mas com um retorno do investimento muito melhor do que o primeiro.

Contudo, conversando com colegas, compreendi que o verdadeiro segredo era criar os próprios cursos e colher os lucros diretamente. Isso significava a diferença entre meu trabalho de US$1.000 e o de US$150.000 que Selena Soo embolsou quando lançou seu primeiro curso online, em 2014. Mas eu precisava encontrar o tema certo — e isso envolvia pesquisar meu público para, então, oferecer um piloto.

Levesque também sugere algo completamente antagônico nessa era digital: pedir aos entrevistados seus números de telefone e perguntar se seria adequado ligar para um follow-up. Às vezes você realmente quer fazer isso; você pode ter dúvidas sobre as respostas deles ou querer se aprofundar mais nos dados psicográficos do segmento de um público. Mas, frequentemente, essa é uma pergunta simples: se responderem sim, também é uma pista de que estão mais interessados e envolvidos com você e seu trabalho. Eles são as pessoas que provavelmente se tornarão seus compradores, então vale a pena avaliar suas respostas.

Levei semanas para revisar e catalogar as respostas, mas os dados eram valiosos. "Eu queria muito ser um pensador de vanguarda", escreveu uma pessoa. "Quaisquer ideias sobre formar o produto 'pensamento' seriam muito úteis. Tenho algumas ideias sobre criar uma estrutura e uma ótima narrativa, mas elas precisam ser aperfeiçoadas e testadas no mercado. Meu sonho seria administrar isso como um negócio de tempo integral e deixar meu emprego atual. Realmente quero que minhas qualidades naturais ajudem as outras pessoas." Outra manifestou o desejo de ajuda para "atravessar as camadas de burocracia em minha grande empresa e ser reconhecida por meu conhecimento através de liderança e recompensa financeira".

Em outras palavras, descobri que poderia haver interesse suficiente para um curso sobre se tornar um especialista reconhecido, mas eu ainda não estava pronta para lançar nem mesmo um piloto. Em vez disso, contatei 50 pessoas que tinham mostrado, por meio da pergunta sugerida por Levesque, que estavam dispostas a conversar mais comigo. Porém, não telefonei; enviei um pedido por e-mail: elas estariam dispostas a analisar a descrição de uma página de um curso que eu estava pensando em oferecer e opinar a respeito? Não havia nenhuma vantagem para elas no pedido; era um simples favor. (Embora mais tarde eu tivesse voltado e oferecido a chance de serem as primeiras a se inscrever no piloto, se assim desejassem.) Mas se você construiu um relacionamento de confiança com seus leitores, muitas vezes eles vão querer ajudá-lo como forma de retribuir o valor que seu conteúdo lhes proporcionou.

Perguntei-lhes se estariam interessados em um curso sobre como se tornar um especialista reconhecido, quais informações importantes deveriam ser incluídas no curso e de que gostaram mais ou menos na descrição do curso que enviei. Também perguntei se estariam interessados em se inscrever no curso caso custasse US$500 e por qual motivo aceitariam ou recusariam. Quinze pessoas responderam e cinco disseram que sim. Como o empresário Bryan Harris disse em uma entrevista no podcast de Pat Flynn, conseguir que 10% de seus entrevistados concordem em comprar de você é uma forte indicação de que há demanda suficiente para seu produto e, assim, finalmente senti confiança para lançar meu piloto.[2]

Ofereça um Piloto

Cerca de cinco meses depois de fazer a pesquisa com meu público, enviei outro e-mail, com o título "Uma Chance de Trabalhar Comigo — Piloto com Oferta Especial". No texto, expliquei os detalhes: eu abriria 40 vagas em um curso piloto especial sobre como se tornar um especialista reconhecido, composto de seis webinários ao vivo durante cinco semanas. Falaríamos de assuntos que iam de "Achar Sua Ideia Inovadora" a "Construir uma Rede de Relacionamento Poderosa". Em troca de partilhar feedback frequente sobre o curso (e talvez dar depoimentos depois, se tivessem gostado), os participantes teriam acesso pessoal a mim a um preço muito mais baixo: US$500, em vez dos US$2.000 que o curso custaria quando lançado oficialmente.

Conduzi o piloto através de uma série de webinários ao vivo. Mas também há outras variações que podem ser usadas; a meta é obter feedback detalhado de um grupo menor de participantes para que você possa iterar conforme necessário. Como observa Danny Iny: "Um piloto pode ser qualquer coisa", desde um evento ao vivo até uma série de contatos de coaching para um curso via e-mail. "A tendência deve sempre ser direcionada ao que você pode apresentar da forma mais rápida e fácil para poder obter feedback."

Eu me senti pronta para realizar o experimento, mas quando você lança algo novo, nunca pode ter certeza de como será recebido. Adotei o mantra de Iny: "O piloto vai para a caixa de pesquisa de mercado", diz ele. "Quando você lança um piloto e ele não vai muito bem, não é um mau sinal. É apenas um dado." Eu estava em meio a uma aula para executivos quando agendei o envio do e-mail. Quarenta e cinco minutos depois, era hora do intervalo para o almoço, e fui checar minha caixa de mensagens. Transbordava de mensagens não lidas, todas de compras. Já tínhamos vendido tudo e eu tinha que fechar a página de vendas imediatamente. Depois de desperdiçar milhares de dólares no passado com ideias mal elaboradas, as quais eu não avaliara de maneira adequada, finalmente consegui identificar o que meu público realmente queria. Em menos de uma hora, ganhei US$23.500.

Experimente:

Enquanto pensa em que tema oferecer no curso piloto, pergunte-se:

- Sobre o que as pessoas sempre lhe pedem conselhos (como participar de sites de terceiros como convidado, vestir-se de modo mais elegante ou ser um pai melhor)? Seria possível sistematizar esse conhecimento e ensiná-lo em um curso online?

- Escreva uma breve descrição (de meia ou uma página). Agora, faça uma lista de 50 pessoas que podem se interessar. Envie-a e peça opiniões e feedback, e pergunte se estariam dispostas a adquirir por uma faixa de preço estabelecida. Se pelo menos 10% disserem sim, pense seriamente em oferecer o curso.

E-mail Piloto

Para baixar uma cópia do e-mail que usei para vender meu curso online, acesse: dorieclark.com/PilotEmail [conteúdo em inglês].

Coloque o Preço Certo em Seu Curso

No mundo dos cursos online, a variação de preços é enorme. Por apenas US$14 você pode ter aulas de como "Tornar-se um Desenvolvedor Hadoop" ou "Ser Musculoso como um Gladiador" em sites como o Udemy, especializado em ofertas. Há também inúmeras alternativas gratuitas — incluindo versões gravadas de aulas de universidades renomadas — em sites como edX. No outro extremo, é comum profissionais de marketing cobrarem US$2.000 por um curso (Danny Iny e Jeff Walker têm cursos nessa faixa), e em um patamar mais elevado, o empresário Ramit Sethi oferece um curso de US$12.000 chamado *Dream Job Elite*, que promete ensinar aos participantes técnicas para formação de redes de contatos, entrevistas e negociação de salários [em todos esses cursos o conteúdo é em inglês].

Então, como saber quanto cobrar? Segundo Iny: "Todos os preços se encaixam em uma escala com o máximo que o mercado oferece e bem embaixo, o mínimo que pode cobrar sem perder dinheiro. Tudo entre uma ponta e outra é questão de posicionamento." Em outras palavras, você pode diferenciar seu curso com base no que os concorrentes oferecem, o nível de profundidade ou experiência que leva para o material, o grau de apoio que oferece, os resultados que os participantes podem esperar, e assim por diante. Naturalmente, é impossível prometer resultados específicos, mas um curso como o de Sethi, que mostra como conquistar o emprego dos sonhos e negociar um salário mais alto, tem uma taxa de retorno mais evidente do que um que o ensine a tricotar gorros de lã.

Quando se trata de precificar um curso piloto, Iny sugere manter duas métricas em mente. Primeira, qual porcentagem do curso integral você vai oferecer? (Esse é um valor inexato, então você pode apresentar sua melhor estimativa.) Por exemplo, seu material pode não estar bem desenvolvido e você conta com os participantes para estruturá-lo. Nesse caso, você pode apresentar 20% do material que sua classe irá cobrir. Se planeja cobrar US$1.000 no final, isso implica em um preço de US$200 pelo piloto.

Entretanto, há também uma segunda métrica, que pende a balança na direção oposta: seu tempo e atenção pessoal. Seu público provavelmente valorizará o contato individual e pode estar disposto a pagar mais por isso. Por exemplo, ao apresentar meu programa piloto, cada sessão foi feita como um webinário semanal ao vivo, fazendo perguntas diretamente aos participantes. Eu também respondia pessoalmente aos e-mails e interagia amplamente com eles em nosso grupo do Facebook, e os participantes que queriam me conhecer pessoalmente definitivamente tinham a chance de fazê-lo.

Eu sabia seus nomes, trajetórias e desafios de negócios, e muitas vezes compartilhava dicas muito pessoais e específicas, como entonação de voz e sugestões de como mudá-la. Esse nível de interação simplesmente não seria possível em um curso em larga escala. Assim, eu me senti confortável em cobrar US$500 pelo programa piloto, já que planejava oferecer o curso completo entre US$1.500 e US$2.000.

Meus primeiros cursos, realizados em parceria com outras organizações, foram vendidos por US$100 ou menos. Mas, para minha primeira oferta pessoal, decidi estabelecer uma faixa de preço mais elevada. Não é uma decisão fácil; a maior parte de seu público, mesmo que queira, provavelmente não tem condições de lhe pagar US$2.000. É mais democrático e igualitário apresentar um preço mais baixo, o que limita comentários irônicos e desaprovação de alguns leitores, que se ressentem com suas tentativas de monetização.

Porém a verdade é que a partir do momento que você cobrar *qualquer coisa* algumas pessoas ficarão descontentes. Como reconto em meu livro anterior, *Stand Out*, Sethi me disse que até hoje ele nunca ficou mais nervoso sobre uma decisão do que quando lançou seu primeiro pacote pago, um e-book de US$4,95. De fato, mesmo a esse preço modesto, recebeu e-mails furiosos chamando-o de traidor. Assim, ele aprendeu a não se preocupar com isso.

"Primeiro, você precisa construir seu negócio com US$7; depois, com US$77 e, em seguida, com US$777? Não, não precisa", diz Iny. "De fato, há um argumento lógico muito sólido para começar com um produto mais caro quando você estiver começando, porque os fatores financeiros funcionam melhor." Como ele ressalta, se você tem uma lista de e-mails com 50.000 pessoas, pode ganhar muito dinheiro vendendo um produto de US$200. Mas se só tem 500 assinantes, mesmo que vendesse para surpreendentes 10% de seu público, ganharia somente US$10.000 — bom, mas certamente não o bastante para viver. (Atualmente, as taxas de conversão de vendas que variam entre 0,5% a 2% de sua lista são muito mais comuns.)

Considere Preços Elevados

Selena Soo, estrategista de negócios e publicidade, adotou o mesmo método em suas abordagens online (veja o Capítulo 4). Em maio de 2014, ela lançou um curso online com um preço elevado, chamado *Get known, Get Clients*, que custava US$3.000 com pagamento à vista ou US$3.500 em parcelas mensais. Para alguém que criava um curso pela primeira vez com um número modesto de seguidores — só 3.800 em sua lista de e-mails na época — foi uma jogada ousada. "As pessoas disseram que eu não deveria lançar algo com essa faixa de preço", lembra-se. "Ninguém iria comprar."

O custo não era o único obstáculo. Em vez de seguir o padrão tradicional de desenvolver um curso de dois meses, o de Soo durava seis. "Eu sabia que estava assumindo um risco", conta, "mas, ao mesmo tempo, sabia que para cumprir a promessa de realmente ajudar as pessoas a criar uma base para os próprios negócios de seis dígitos eu não podia simplesmente lhes dar um curso de quatro ou oito semanas e encerrar".

Porém, Soo não definiu uma faixa de preço arbitrária e cruzou os dedos. Apesar do preço alto, tinha todos os motivos para acreditar que o curso teria sucesso por causa do plano meticuloso que criara. Ela não tentava lançar seu negócio com o curso online. Já tinha criado um negócio de seis dígitos e um fluxo de caixa consistente — e validado os conceitos que ensinava — através do desenvolvimento de uma prática de coaching individual e com seu grupo mastermind de elite.

Planejar um Curso com um Preço Elevado

Não importa o quanto seu público ache seu trabalho inspirador, é claro que apenas determinadas pessoas podem pagar um programa de US$20.000 ou mais. Soo sabia que havia uma demanda acumulada: "As pessoas diziam: 'Estou poupando para trabalhar com você algum dia', ou perguntavam: 'Você tem outros tipos de ofertas?'" Assim, quando ela decidiu lançar um curso online, tinha a vantagem de já ter uma âncora de preço alto na lembrança das pessoas. "Quando lancei o produto de US$3.000, pareceu muito barato para certas pessoas", disse ela.

Agora ela precisava escolher o tema certo. Novamente, em vez de apenas lançá-lo cegamente, seguiu uma série de passos lógicos. "Eu realmente queria criar um produto de rede de contatos no início", lembra-se. Ela realizou uma pesquisa para compreender as aspirações e desafios de seu público em relação às redes de contato, e, então, como Levesque recomenda, concentrou-se naqueles que indicaram que estavam dispostos a falar mais sobre o assunto. "Eu disse: 'Estou pensando em fazer esse curso e talvez custe US$297. Você vai receber A, B e C. O que acha?' A resposta foi morna. Pensei: *De que adianta criar isso se as pessoas não estão animadas?*", diz.

Assim, começou a considerar outras opções. Networking era um tema que gostaria de ensinar. Mas o que os alunos pediam proativamente? "Eu sabia que todos queriam ficar conhecidos e conseguir clientes que comprassem seus produtos, porque precisavam ganhar dinheiro", conta. "Isso era o principal para as pessoas. Só de ouvir o mercado e testar coisas diferentes, compreendi: *É isso que vou fazer.*"

Porém antes de ir mais longe, precisava testar a premissa mais uma vez. As pessoas enviavam e-mails regularmente para perguntar se havia uma forma, além de seu grupo mastermind de nível superior, de trabalharem juntos. Ela começou a ligar para elas e cultivar a ideia do novo curso. Testou a faixa de preço dizendo que provavelmente o ofereceria a um preço entre US$3.000 e US$4.000. Elas estariam interessadas? A resposta, ela lembra, foi incrivelmente positiva: "As pessoas diziam: 'Sim, estou muito interessado. Isso é exatamente o que preciso.'"

Soo conhecia muito bem as técnicas de lançamento de Jeff Walker, que descreve como "fantásticas". Porém, sentiu que não tinha tempo para fazer uma série elaborada de vídeos altamente aprimorados. "Simplesmente decidi me jogar no trabalho em vez de esperar até que tudo estivesse perfeito e planejado, e todo o roteiro finalizado", conta ela. "Acho que se você quer atingir todo seu potencial nos negócios, não pode esperar. Você tem que agir." Você precisa investir tempo para entender bem o conceito básico. No caso dela, tinha confiança de que o curso *Get Known, Get, Clients* venderia, então precisava levá-lo ao mercado.

Tenha Sucesso em Seu Primeiro Lançamento

Depois de decidir não fazer vídeos, o caminho de Soo estava claro. Ela lançaria o curso para seus 3,8 mil assinantes de e-mail através de uma combinação de e-mails e um webinário ao vivo apresentando os conceitos do curso. Ela alavancou o poder da escassez para impulsionar as inscrições: "Eu disse às pessoas que aquele era o único webinário que faria aquele ano e não o repetiria. Cerca de mil pessoas se inscreveram no webinário e metade participou ao vivo."

Para aqueles que não participaram, porém, ela criou uma série de e-mails que reiteravam os conceitos-chave — suas três grandes ideias — sobre os temas discutidos ao vivo. Todos transmitiam a mensagem sobre a importância de elevar sua visibilidade a fim de ganhar clientes e como fazê-lo. "Eu me certifiquei de que a qualidade do webinário e e-mails fosse realmente inesquecível", diz ela. "Então, depois eu compartilhava uma prova social, como: 'Essas pessoas se inscreveram no programa...' Foram muitos e-mails, mas não exigiram tanto tempo se comparados com o que poderia ter sido quatro vezes a quantidade de trabalho (com vídeos)."

Uma quantidade maior de pessoas pode pagar um curso de US$3.000 do que um de US$20.000 ou mais. Todavia, ainda não é acessível para a maioria. Quando se trata de cursos online de preço elevado, isso nunca será um negócio de volume, e você tem que ficar à vontade com baixas taxas de conversão. Entretanto, até poucas vendas podem se acumular depressa. Voltar-se para apenas alguns clientes certos pode criar lucros significativos. Com seu primeiro lançamento — um webinário e alguns e-mails — Soo vendeu 50 inscrições de *Get Known, Get, Clients.* "Isso foi mais de 1%, o que considerei alto, então ganhei US$150.000 naquele primeiro lançamento", lembra-se ela. Por si só, esse é um belo salário para a maioria dos profissionais, e é até mais impressionante se considerar que foi apenas uma parte de sua renda total.

Ela fez um upgrade de seu modelo de negócios de coaching individual para coaching de grupo. Mas depois de vários lançamentos do *Get Known, Get, Clients*, compreendeu que era hora de avançar. Ela parou de oferecer seu grupo mastermind em 2016 e agora planeja focar cursos online.

Experimente:

Enquanto pensa em como estruturar seu curso, pense nos resultados de que seus clientes precisam e pergunte-se:

- De um modo realista, em quanto tempo verão os resultados? Eles podem aprender sozinhos com o material, talvez por módulos de vídeo? Ou precisam de um envolvimento maior de sua parte ou de um grupo de pares?

- Anote com detalhes como o curso que for oferecer seria mais eficiente. O que você ensinará, quando e como?

- Em seu ponto de vista, qual faixa de preço faria do produto um sucesso? Você conhece as pessoas ou poderia potencializar um fluxo de referências de pessoas que teriam condições de pagar pelo curso? Ainda que os preços sejam altos, como o curso de Soo, alguns se inscreverão caso confiem em você e percebam o valor que será agregado.

CAPÍTULO 10

Crie Produtos Digitais e Comunidades Online

Depois que criou uma base econômica para si mesmo com ofertas de alto nível, como coaching e cursos online, você pode achar que vale a pena criar alternativas mais baratas, como e-books e conferências virtuais. O ideal é ampliar o número de seguidores ao longo do tempo, de modo que, à medida que seu público crescer, seja possível cada vez mais auferir um lucro interessante de produtos de US$100 ou até mesmo US$10. Mesmo com um público limitado, alguns fãs obstinados querem comprar algo de você, apenas não têm condições de pagar um curso de US$2.000 a US$3.000. Por que não lhes dar outra opção?

Jason Van Orden, da *Internet Business Mastery*, considera essas ofertas como uma "escada de ascensão". É tolice pensar apenas em cursos caros e então partir para outra, diz ele. Em vez disso, você tem que focar o *valor da vida útil do cliente*. Pense nisso: uma vez que alguém compra de você, o que mais ele pode ter interesse em comprar? De que outros produtos ou serviços precisa? Se alguém pode comprar um curso caro, certamente pode comprar um produto mais barato, e já demonstrou interesse em seu método. Por que não encontrar meios pelos quais você pode continuar a ajudá-lo? Um curso popular, diz ele, "é só a primeira coisa que adquirem. Sempre haverá necessidades adicionais a que podemos atender vendendo nossas soluções".

Neste capítulo, vamos explorar como criar ofertas de baixo custo, incluindo e-books, conferências virtuais, serviços de assinatura e comunidades online.

Crie um E-book

Um produto barato e popular, fácil de criar e vender, é o e-book. Essa é a abordagem que Steve "SJ" Scott adotou. E, em setembro de 2012, Scott — que antes se dedicara ao marketing de programas de afiliação e online — decidiu focar livros publicados de forma independente por meio da Amazon.com. Ele já escreveu mais de 40, lançando até um livro curto de 15 mil a 25 mil palavras a cada três semanas.[1]

Eles lhe proporcionavam uma renda constante, mas seu 40º livro — *Habit Stacking: 97 Small Life Changes That Take Five Minutes or Less* — tornou-se um best-seller. Impulsionado pelo sucesso e pelo fato de que leitores ansiosos tinham uma longa lista de seus livros que podiam comprar, sua renda disparou, e ele passou a ganhar US$40.000 por mês com suas autopublicações.[2]

Porém também há desvantagens na autopublicação. Por exemplo, a Amazon não libera nomes ou informações de contato de seus compradores para você. Isso significa que se quiser contatar seus leitores precisará usar a cabeça. Scott, por exemplo, inclui links em seus e-books para as informações adicionais que possam querer. Os recursos adicionais estão em seu site, ao qual ele incentiva os leitores a visitar por sua lista de e-mails.[3]

Outra desvantagem da autopublicação é que a Amazon estabeleceu padrões típicos de preço para e-books; ninguém realmente espera pagar mais do que US$10 ou US$15, no máximo. Se quiser criar um conteúdo valioso com um preço mais alto, terá que partir para a autopublicação (às vezes um simples PDF resolve) e vender o livro em seu site, utilizando um serviço como E-Junkie ou Gumroad (plataformas que possibilitam aos criadores venderem produtos diretamente aos consumidores) para processar as vendas. Você terá que cuidar do processo sozinho, ao contrário do que ocorre na Amazon, a qual os clientes existentes se deparam com sua obra por meio de uma busca por palavras-chave. Mas você poderá cobrar preços mais altos, criando a possibilidade de um lucro substancial.

Foi isso que Pat Flynn descobriu com o e-book inicial sobre certificação de edifícios sustentáveis, que colocou para vender online em 2008. Ele o ofereceu no próprio site por US$19,99 unidade, e no primeiro mês ganhou US$7.908,55. "Ganhei em um mês com trabalho online o que levava dois meses e meio para ganhar trabalhando em um escritório de arquitetura", conta ele. "E não era só isso. O processo de entrega do livro era automatizado, as pessoas podiam entrar no site, fazer o download e comprar o livro, que seria entregue automaticamente. Eu só ficava em casa e acordava com mais dinheiro na minha conta do PayPal, o que parecia loucura."

Ouvir esses números pode inspirá-lo a escrever o próprio e-book o mais depressa possível, e você até pode conquistar alguns compradores. Mas é improvável que consiga repetir as vendas surpreendentes de Flynn logo de início. Ele tinha conquistado a confiança de seu público ao longo do tempo com blogs gratuitos; assim, eles sabiam que suas informações eram sólidas, aumentando em muito a possibilidade de comprarem um e-book. E seus posts regulares contribuíram para uma forte classificação no Google, o que permitia que pessoas novas descobrissem seu trabalho. Se estiver começando do zero, desenvolver um grupo de leitores levará um bom tempo.

Quando conseguir, porém, os e-books podem gerar uma renda significativa. Isso foi o que Bjork e Lindsay Ostrom também descobriram. O e-book de Lindsay sobre fotografias de gastronomia, que custava US$29, vendeu mais de 7.600 cópias, criando um fluxo de caixa de mais de US$220.000 — *muito* maior do que qualquer adiantamento de editoras tradicionais atualmente. (É difícil chegar a números exatos, mas em 2011 divulgou-se que apenas 6% dos e-books receberam adiantamentos de seis dígitos, e é quase certo que esses números diminuíram desde então.[4])

Flynn e os Ostroms precificaram seus e-books na faixa mais baixa da escala, semelhante à de muitos livros impressos. É uma escolha viável, e os clientes geralmente não vão reclamar. Mas se oferecer informações especializadas ou extremamente cobiçadas (especialmente com uma taxa de retorno em mente, como aumentar sua renda), você também pode definir o preço de seu e-book de modo mais agressivo.

Por exemplo, a escritora freelancer Alexis Grant oferece um e-book por US$47, *Turn Your Side Hustle into a Full-Time Business and Surpass Your Day Job Income in Just Six Months.*[5] Dependendo de seu nicho e posicionamento, alguns empresários cobram cerca de US$100 ou US$150 por seus e-books, embora quando você atinge níveis de preço mais elevados fique mais difícil justificar o valor de "apenas" um livro, já que a faixa de preço de US$10 a US$30 está firmemente consolidada na cabeça dos norte-americanos. Se quer aumentar o valor reconhecido de seu produto, acrescente outras modalidades, como listas de verificação, estudos de caso ou vídeos.

Foi isso que Navid Moazzez aprendeu quando lançou *The Branding Summit*, em 2014.

Organize Conferências Virtuais

Moazzez, aspirante a empresário online da Suécia, tinha apenas mil assinantes de e-mail e queria aumentar sua visibilidade pública e rede de contatos. Ele compreendeu que organizar uma conferência virtual — o que chama de "podcast com esteroides" — poderia ajudá-lo a alcançar ambos. Enquanto um podcast é recorrente, uma conferência é um evento pontual que normalmente apresenta entrevistas por vídeo com 20 a 30 pensadores de vanguarda.

Atraídos pela oportunidade de tempo limitado para assistir às entrevistas gratuitamente, fãs interessados decidem participar com seu endereço de e-mail e, em retorno, conseguem acesso aos vídeos por um certo período de tempo, geralmente de 24 a 72 horas. Se quiserem assistir aos vídeos depois disso, pagam uma taxa modesta — normalmente algo entre US$100 e US$300 — para acesso vitalício.

Moazzez sabia que, se fizesse isso direitinho, poderia usar a conferência como meio de fazer contatos e cultivar relacionamentos e, também, aumentar sua lista de e-mails radicalmente, pois muitos dos participantes poderiam promovê-la para o próprio público. Assim, em 2014, começou a realizar entrevistas para a *The Branding Summit*, uma série de entrevistas online por vídeo sobre marketing e promoção de marcas com escritores e especialistas renomados (fui uma das entrevistadas). Veja o que Moazzez fez. Primeiro, elaborou uma estratégia, identificando as pessoas que queria entrevistar e estreitando o relacionamento com elas bem antes de fazer o convite. "Pense no que você pode fazer para agregar valor a elas antes mesmo de as contatar", recomenda ele. "Existem muitas maneiras. Você pode deixar comentários gentis em seus blogs e compartilhar seu conteúdo. Caso se trate de um escritor, deixe uma resenha na Amazon. Ou, até melhor, uma resenha em vídeo, porque escritores nunca recebem resenhas por vídeo." (Ele tem razão.)

Em seguida, quando se sentia à vontade em estabelecer uma conexão sólida com um entrevistado em potencial, ele o convidava. Uma vez que tinha feito a entrevista, ele lhe pedia sugestão de amigos renomados que talvez pudessem se encaixar na conferência; isso lhe permitia abordar desconhecidos cordialmente. De fato, minha amiga Susan RoAne, autora de *How to Work a Room*, foi quem me apresentou a Moazzez.

Ao contrário do que muitos esperariam dos convites de entrevista, Moazzez começou pelo topo. "Resolvi me concentrar em conseguir entrevistas com alguns nomes famosos, que estão realmente no topo, a fim de potencializar meus contatos através da credibilidade deles", diz ele. "Depois, eu contatava nomes classe B e C, como gosto de chamá-los. Digo isso pois eles têm um público de bom tamanho e alguns são nomes com bom potencial, mas ainda não têm um público entusiasmado de milhares de pessoas em sua lista de e-mails."

O plano de Moazzez era inteligente: os especialistas extremamente famosos podem não estar dispostos a compartilhar a própria lista de e-mails falando da conferência por acharem-na pequena demais para se importar. Porém, eles serviram para um objetivo ainda mais valioso: a presença deles na conferência conferiu legitimidade ao evento online, e os empresários em ascensão não viam a hora de se associarem aos colegas mais renomados. ("*Vou aparecer em uma conferência online ao lado de John Lee Dumas e Danny Iny!*")

Conforme Moazzez presumiu, a motivação dessas pessoas promovia a conferência em seu nome; mesmo que só atingissem alguns milhares de pessoas, esses números geravam um bom resultado. Moazzez trabalhou para *garantir* que elas tivessem êxito; entrevistou surpreendentes 88 pessoas para a conferência, mais que o dobro do tamanho normal de uma conferência virtual. Por fim, ganhou 3 mil novos assinantes de e-mail e um lucro de US$20.000 com a venda de acessos à conferência. "Isso me permitiu deixar meu emprego e mudar para o exterior" — como ele me disse durante uma ligação via Skype de Cancun, onde morava na época.

Algumas pessoas o imitam, mas na tentativa de alavancar sobremaneira o valor das conferências chegam a exigir que os participantes assinem contratos se comprometendo a promovê-las junto às suas listas de e-mails. Moazzez considera essa abordagem deselegante, e eu concordo. Se o conteúdo da conferência for suficientemente interessante, e os palestrantes convincentes o bastante, os participantes *vão querer* promovê-la, isso é muito melhor do que os obrigar a divulgá-la. Recuso todos os convites de participação em conferências em que eu fique presa a obrigações.

O sucesso de Moazzez com a conferência atraiu a cobertura da mídia e uma enxurrada de perguntas de aspirantes a empresários. *Como, exatamente, ele conseguiu?* Comprometendo-se a ensinar os outros o modo certo da abordagem do processo, ele começou a aceitar clientes de coach e criou um curso, o *Virtual Summit Mastery Program*. Na primavera de 2016, ele fez seu primeiro lançamento de seis dígitos, ganhando mais de US$180.000.

Moazzez não é o único que teve um sucesso tremendo monetizando conferências virtuais. Michael Stelzner, do blog e do reconhecido podcast *Social Media Examiner*, desenvolveu sua lista de e-mails e seu negócio criando um fluxo constante com conteúdo excelente sobre o mundo emergente da mídia social. "Eu sabia que, se pudesse formar uma lista de 10 mil assinantes de e-mail, poderia começar a monetizar", conta ele. "E eu iria monetizar criando o *Social Media Success Summit 2010*." As conferências eram um conceito relativamente novo na época, e Stelzner reuniu uma série de nomes famosos. Juntos, atraíram 1.200 participantes pagantes e "geraram centenas de milhares de dólares", diz ele. O conceito funcionou tão bem que ele o expandiu. "Chegamos ao ponto em que realizávamos três por ano, uma em fevereiro, outra em maio e uma terceira em outubro", lembra-se ele. "Ganhamos US$1,7 milhão no primeiro ano com essa estratégia."

Porém, como ocorre com todas as coisas boas, há limites. "Constatamos que você só pode promover um determinado número de coisas antes que seu público se canse", diz. Ele acabou reduzindo para uma conferência por ano. É por isso que, quando se trata de produtos digitais, vale a pena considerar fontes de renda múltiplas e diferentes modelos de negócios de que pode dispor estrategicamente conforme necessário. Um dos melhores modelos, que os empresários online descobriram, envolve o desenvolvimento de uma fonte de renda recorrente, como um serviço de assinatura online.

Experimente:

Quando for investigar as conferências virtuais, pense no seguinte:

- Inscreva-se em ao menos duas ou três para ver como funcionam e são promovidas, como as entrevistas são conduzidas e como são administradas as vendas no final do processo. (Se você se inscrever em listas de e-mail de influenciadores em seu campo, provavelmente vai descobrir as várias conferências online em que estão envolvidos gradativamente, ou simplesmente procure o termo no Google que você encontrará várias nas quais se inscrever.)
- Se quiser criar uma conferência virtual, defina o assunto de seu interesse. Participei de conferências virtuais focadas em qualquer coisa, desde desempenho pessoal máximo e autopublicação, até como se tornar uma autoridade em sua área.
- Crie uma lista de cerca de 40 a 50 pessoas que você gostaria de entrevistar. Classifique-as em listas A e B — nomes conhecidos versus conceituados, porém menos conhecidos. Com quais integrantes da lista A você tem conexão? São pessoas que já conhece ou teria alguém que pode apresentá-lo cordialmente? Em caso negativo, comece agora, e trabalhe na construção de um relacionamento com elas por meio de coisas como escrever resenhas online sobre seus livros ou começar a compartilhar seus posts nas redes sociais.
- Quando chegar o momento certo (isto é, você foi adequadamente apresentado, os influenciadores o notaram e/ou você tem construído relacionamentos online há algum tempo), contate-os e veja se consegue marcar pelo menos três entrevistas com os integrantes da lista A, que podem servir como âncora de sua conferência.
- Agora, percorra a lista de entrevistados ideais e, mencionando o envolvimento dos nomes da lista A, apresente os requisitos da entrevista. O ideal é que você consiga marcar até 30 entrevistas. Programe-as e comece a criar seu material de marketing (para seu público e para seus participantes compartilharem com o deles). O ideal é que o lançamento aumente extraordinariamente sua lista de e-mails e, talvez, gere também alguma renda.

Crie um Serviço de Assinaturas

Andrew Warner, empresário bem-sucedido de cartões comemorativos online, mas que foi um fracasso total com convites online, fundou seu site de entrevistas em vídeo, o Mixergy, para responder às próprias perguntas sobre empreendedorismo. Por fim, ele diz: "Eu queria que o negócio se sustentasse, então não cometeria o mesmo erro simplesmente desperdiçando dinheiro ao investir em outra ideia." Ele flertou com a ideia de aceitar anúncios, mas acabou concluindo: "Eu gostaria que as pessoas realmente gostassem tanto a ponto de ficarem dispostas a pagar por isso." Havia só um jeito de descobrir.

Hoje, o Mixergy segue o modelo freemium. Todas as entrevistas novas podem ser vistas gratuitamente durante uma semana, mas, depois disso, ficam disponíveis apenas aos membros pagantes, com taxas de US$25 mensais ou US$199 anuais.

Essa ampla exposição inicial e gratuita — Warner tem uma lista de e-mails com 70 mil assinantes — é um incentivo para que as figuras renomadas aceitem conceder entrevistas. E ele percebeu que a estratégia do prazo final dava aos ouvintes não pagantes um forte motivo para que fizessem o download de seu material, impulsionando sua classificação no ranking do iTunes. Ele diz: "Há tanta coisa online que chega até a gente, por que se importar em ler os posts em blogs? Por que se dar ao trabalho de fazer o download de outro podcast?... Não há incentivo... a menos que você saiba que se não fizer isso apenas os membros premium terão acesso ao material. Nesse caso, você vai agarrar essa oportunidade o mais rápido possível."

Quando se trata de monetizar, as pessoas que estão interessadas em ouvir determinado entrevistado, ao descobrirem a entrevista tarde demais, decidem desembolsar e pagar pelo acesso. Segundo Warner, seu fluxo de assinantes novos é composto em sua grande maioria por "pessoas querendo encontrar um entrevistado (específico) e depois associam-se à lista de e-mails". Quando ingressam na lista, recebem algumas amostras de entrevistas e, geralmente, são fisgadas.

Warner criou o Mixergy para entender o que tinha feito de errado em seu negócio. No processo de encontrar as respostas, ajudou inúmeros outros empresários e construiu um fluxo de renda contínuo para si fazendo algo que adora. "Dezenas de milhares de pessoas viram membros premium em um dado momento", diz ele. "Tem funcionado muito bem." (Para conselhos sobre outros modos de monetizar rapidamente, veja o quadro "Lançando uma Campanha de Financiamento Coletivo".)

Desenvolva uma Comunidade Online

Produtos digitais, como e-books e acesso total a conferências virtuais, são um meio excelente de se ganhar dinheiro. Mas a associação em sites, que proporciona uma renda recorrente, eleva sua renda a outro nível. Em uma profissão tão incerta quanto a do empreendedor, com seus altos e baixos, é tremendamente importante cultivar uma fonte de renda constante. (Naturalmente, as pessoas cancelam ou decidem não renovar, mas ao longo do tempo essas porcentagens são previsíveis.)

No site Mixergy, de Warner, as pessoas se inscrevem a fim de acessar o vasto arquivo de entrevistas e cursos, suficiente para lhes dar o equivalente a uma educação universitária caso assistam a todos. Mas alguns empresários descobriram que outra variação de site de programa de afiliação é ainda mais "aderente" no que concerne à manutenção de membros: uma comunidade online.

"Eles se inscreveram devido às informações e permaneceram por causa da comunidade." É assim que Jason Van Orden descreve a lição que aprendeu ao administrar o The Academy, uma comunidade de afiliação focada em marketing online que ele criou. Bjork Ostrom concorda. Ele e Lindsay criaram o Food Blogger Pro, uma comunidade culinária de blogueiros com 1,8 mil membros. Eles apresentam mais de 300 vídeos no site, desde dicas de fotografia até conselhos técnicos sobre como administrar um blog, e disponibilizam informações sobre tudo, desde o WordPress até o Google Analytics. Mas, ele disse: "Em longo prazo, as pessoas ficam, porque temos esse fórum de outras pessoas que ajudam umas às outras."

Os empresários inteligentes há muito compreenderam que é mais fácil manter um cliente existente do que conquistar um novo. É por isso que desenvolver um site de afiliação com assinaturas mensais ou anuais recorrentes funciona tão bem; isso simplifica a renovação — e a inadimplência.

Em um mundo em que tantas informações estão disponíveis online de graça, é uma grande surpresa que as pessoas realmente paguem uma boa soma de dinheiro (comumente entre US$20 a US$100 mensais) para participar de uma comunidade online. Mas um curador ativo — um moderador envolvido para estabelecer o tom das discussões e garantir que sejam civilizadas e úteis — torna um fórum online realmente valioso.

Lançando uma Campanha de Financiamento Coletivo

Depois que você reuniu seu público, outra opção de monetização fica disponível: financiamento coletivo [em inglês, crowdfunding]. Não é a resposta certa para todos, mas pode proporcionar o impulso necessário enquanto você trabalha para completar um projeto ou atividade. Aqui estão dicas do especialista em financiamento coletivo Clay Hebert, que trabalhou em mais de 150 projetos que arrecadaram mais de $50 milhões, para iniciar o seu.

Forme o próprio público. Muitas pessoas supõem que assim que o projeto estiver em um site de financiamento coletivo, a captação de recursos irá ocorrer por si só. "Não pense que é só lançar uma campanha no Kickstarter [famoso site de crowdfunding] para, em um passe de mágica, as pessoas encontrarem seu nome e lhe darem dinheiro", diz Hebert. "Você precisa formar seu público, ter uma plataforma e permissão para lançar seu projeto para ele." Se você ainda não tem um público, ele sugere criar uma página inicial (uma bem desenhada na qual as pessoas possam entrar com seus e-mails) com um prêmio que as pessoas queiram, como o primeiro capítulo de seu livro, quando for escrito, ou um manual ou guia de recursos útil. Ele aconselhou um cliente que lançaria um brinquedo caro para gatos chamado Kittyo a criar uma página inicial na qual as pessoas poderiam se registrar a fim de ganhar o brinquedo. Ele encontrou um site para amantes de gatos com que se associou e gerou 2 mil assinaturas de e-mail em um fim de semana.

Comece cedo. Kittyo foi um sucesso — totalmente financiado em 36 minutos depois do lançamento, e acabando por arrecadar US$270.000 — porque seu criador começou a formação de sua lista cedo. Pela página inicial e com o concurso de brindes, ele desenvolveu uma lista de 13 mil amantes de gatos que estavam ansiosos para comprar seu produto assim que a campanha foi ao ar. Até certo ponto, você pode confiar no impulso para gerar receita de pessoas que ainda não conhece, mas precisa fazer todo o trabalho pesado com antecedência. Em geral, diz Hebert: "Você precisa gerar de 30% a 40% de financiamento coletivo iniciais sozinho.

Você está lançando para sua tribo. Então, se seu projeto for interessante... essas pessoas vão compartilhá-lo com o próximo grupo, de modo que você vai conseguir os próximos 30% e, então, quando tiver cerca de 70% com ainda duas semanas pela frente, (geralmente) sua campanha estará financiada."

Pense em termos de nicho. Todos gostariam que sua campanha de financiamento coletivo aparecesse no noticiário nacional ou nas principais publicações de negócios. É provável que isso não ocorra. Mas, ainda mais interessante, isso realmente não importa, diz Hebert. "Pare de tentar aparecer no *Wall Street Journal*, e entre naqueles pequenos sites e blogs e grupos do Facebook, em que as pessoas são apaixonadas por alguma coisa." A parceria com a Hauspanther, que se intitula "a primeira revista online para pessoas amantes de gatos ligadas em moda", foi crucial para Kittyo. Esse é um público limitado, comparado ao *Wall Street Journal*, mas perfeitamente adequado para um brinquedo para gatos sofisticado, de um modo que os leitores de negócios em geral não seriam. Da mesma forma, quando Hebert aconselhou um criador de documentários a filmar a vida de órfãos de veteranos, ele o fez direcionar a campanha para famílias de militares pensando cuidadosamente sobre os sites de nichos que frequentavam. Conseguir as pessoas certas para se unir à sua lista é essencial para seu sucesso. "Eu e você podemos criar uma lista de e-mails com mil pessoas até amanhã se oferecermos um iPad ou um relógio da Apple como prêmio", diz Hebert. "Mas essas pessoas não vão comprar seu livro (ou outro produto)."

Encontre a melhor plataforma de financiamento coletivo para você. O Kickstarter, que foca projetos criativos, talvez seja o site de financiamento coletivo mais conhecido, mas certamente não é o único. Examine cada plataforma e avalie suas regras de participação e onde teria mais chances de sucesso.

Por exemplo, há alguns anos, quando tentei criar uma campanha no Kickstarter para financiar uma série de vídeos de conselhos empresariais, fui recusada antes mesmo do lançamento porque o projeto não era considerado "criativo" o suficiente por seus sábios criadores de tendência (obrigada, pessoal).

(continua)

Ocupada com o lançamento do meu primeiro livro, *Reinventing You*, acabei por adiar o projeto. Mas, em retrospecto, o Indiegogo, que permite todos os tipos de projeto — não só os "criativos" — teria sido uma escolha melhor. Ele também oferece a possibilidade de liberar fundos prometidos ao criador de imediato ou esperar até que a campanha esteja totalmente financiada. Esse é um detalhe importante se considerarmos que mais de 60% das campanhas da Kickstarter não atingem suas metas, o que significa que seus criadores nunca recebem um centavo, mesmo que tenham milhares de dólares prometidos.[6]

Lembre-se das políticas do site a respeito das "recompensas" para seus apoiadores e que rumo elas podem tomar. Disponibilizar o download de um álbum digital é fácil, mas imprimir e enviar milhares de camisetas (e ainda acertar os tamanhos) rapidamente se torna uma tarefa onerosa que deixa todo o empreendimento menos atraente. Se for oferecer brindes, planeje-os com cuidado e antecedência.

Além do Kickstarter e do Indiegogo, entre muitos outros, o Publishizer é um site de financiamento coletivo focado em ajudar escritores com livros encomendados, e o Patreon oferece um modelo interessante de "doação recorrente" que pode ser de grande ajuda para os que trabalham para ganhar a vida com sua arte.

Com o Patreon, os apoiadores não fazem uma doação única para um projeto específico, como financiar seu filme independente. Em vez disso, podem fazer uma doação mensal contínua para apoiar seu trabalho em geral (tornando-se um patrono, como sugere o nome do site) ou doar sempre que você criar conteúdo. Por exemplo, se eu for fã de um determinado podcaster, posso me comprometer a doar US$1 por episódio, o que é fácil para a maioria dos ouvintes, já que você ganha uma hora de entretenimento em troca e um meio de contribuir com alguém de cujo trabalho desfrutou sem pagar nada no passado.

Com o tempo, à medida que você conhece as pessoas que participam, começa a desenvolver verdadeiros relacionamentos. Participei de comunidades online que apresentam reuniões presenciais para promover conexões e muitas vezes indiquei negócios para muitos colegas que conheci online. Quando suas redes social e profissional se entrelaçam com a comunidade online de que participa, sua filiação não é mais vista como opcional, mas como uma necessidade sem a qual não se pode viver.

Criar uma Comunidade Permanente

O que é necessário para formar uma comunidade online paga? Para começar, é necessário quantidade. Uma comunidade com cinco pessoas não tem volume ou diversidade de pensamento para desenvolver algo útil. "Quando começar uma comunidade paga", diz o empresário canadense Scott Oldford, "acredito que você não precise só de 12 ou 24 pessoas. Para ser viável, ela precisa ter pelo menos 50 membros". Onde consegui-los?

Oldford sugere que lançar um produto ou curso é o primeiro passo perfeito. Obviamente, seus compradores compartilham de um interesse — blogs de comida, marketing online ou qualquer outro produto. Você pode criar a comunidade online como um meio pelo qual possam continuar seu aprendizado. Esse é exatamente o caminho que Ryan Levesque seguiu com os participantes do curso online que desenvolveu em 2014, focado em sua metodologia de pesquisa. Ele pesquisou se os participantes do curso estariam interessados em se associar a uma comunidade online após o término das aulas; mais de 100 concordaram.

Ele ofereceu aos primeiros associados um desconto na taxa de inscrição (metade da taxa mensal de US$100) e, em seguida, lançou um grupo privado no Facebook e o acesso a um site de associação privada que oferecia calls mensais de treinamento com Levesque e vários convidados especiais, que palestravam sobre temas desde "como formar um negócio de consultoria de sete dígitos" até "dez mudanças diárias que fiz na minha vida que triplicaram minha produtividade e dobraram minha renda". Os membros também têm acesso livre ao software de pesquisa de Levesque.

Em apenas dois anos, a comunidade passou de 100 a mais de mil membros. No processo, Levesque pensou muito sobre o que gera uma experiência desejável para os membros. "É mais ou menos como se envolver no planejamento de uma cidade", diz ele. "Você não pode crescer muito depressa porque há a questão da infraestrutura. Há avenidas, abastecimento de água, fatores como esses que precisam acompanhar o crescimento da comunidade." Em termos digitais, a infraestrutura trata de contratar ajuda adequada para monitorar o fluxo de conversas. "Quando a comunidade começou, eu estava sozinho", conta Levesque. "Eu era o gerente da comunidade. Respondia às perguntas dos membros, dava-lhes apoio, perspectivas (nas quais avaliava o produto do trabalho dos membros)." Mas Levesque sabia que isso não poderia durar se a comunidade aumentasse como esperava. "Com os primeiros 100 membros, eu estava de olho nos superastros — pessoas que eram especialmente comprometidas, especialmente atenciosas com outros membros da comunidade", diz ele.

Levesque procurava um "defensor da comunidade" ou alguém que pudesse servir como seu representante para manter o tom positivo, útil e produtivo das conversas. Levesque achou um bom candidato, contratou-o e acabou por promovê-lo a "diretor da comunidade", supervisionando três novos defensores voluntários que recebiam associação gratuita em troca de ajudar outros membros e escrever um blog semanal. Ele logo se deu conta, porém, de que esse arranjo não era suficiente. "Precisávamos transformá-los em cargos pagos", conta ele.

As apostas eram altas. Os primeiros membros se envolveram na comunidade e gostavam dela quando era pequena e íntima. Grupos de recém-chegados trouxeram novas ideias e sugestões, mas também mudaram a dinâmica social que se formara. "Quando você introduz 200 membros na comunidade de uma vez", fala Levesque, "pode parecer, se não tiver cuidado, um bando de intrusos, situação em que as pessoas criam um tipo de sentimento de 'nós contra eles'".

Depois de testar por algum tempo, ele encontrou uma proporção que lhe agradou: um defensor pago para cada grupo de 400 membros. Eles definiram seus processos, incluindo como agregar novos membros e garantir que houvesse um fluxo contínuo de mensagens de apresentação no Facebook, e não uma avalanche, quando as pessoas novas se associavam. Eles desenvolveram uma sequência de mensagens privadas para novos membros, incentivando-os a dar um passo específico na comunidade por dia, como ler um determinado post básico. A meta é fazer com que se adaptassem ao grupo e ao hábito de participar.

Observe que administrar uma comunidade de membros associados em andamento pode dar um trabalho imenso; só para essa iniciativa, a equipe de Lavesque é formada por cinco defensores, um diretor e um assistente administrativo. Mas, ele diz, vale a pena. "Vale a pena ter um modelo de negócio com o qual você constantemente ajuda seus clientes e sempre tem que produzir conteúdo novo?", pergunta Levesque. "Bem, o lado oposto da moeda é que você obtém a melhor inteligência do mercado que poderia querer, porque seus usuários, público, tribo... vão lhe dizer. Eles falam: 'Ei, veja o que está faltando. Eu gostaria que você fizesse X.'" Ter uma comunidade online ativa lhe dá a capacidade de observar seus clientes todos os dias, e quando você criar um serviço ou produto novo, com certeza saberá o que querem.

Experimente:

Se gosta da ideia de formar uma comunidade online, pergunte-se:

- Onde você vai conseguir os membros iniciais de sua comunidade online (pelo menos 50)? Vai anunciá-la aos membros de sua lista de e-mails? Vai posicioná-la como uma extensão lógica de um curso ou de um workshop que ofereceu?

- Qual é seu plano para estimular as conversas? Quais perguntas fará e com que frequência vai monitorar pessoalmente as interações? Planeje com antecedência um cronograma que mostre quando você entra e quais serão os temas das perguntas de modo que a manutenção da comunidade não saia de seu radar.

- Comece a pensar em como aumentar a comunidade. Depois de certo ponto, você não consegue administrar todas as conversas e interações sozinho. Você tem alguém que o ajude? Vai precisar contratar alguém? Onde vai encontrá-los? Muitas vezes, promover alguém que já é um membro dedicado da comunidade é uma boa ideia, mas pense agora quais são as expectativas dele a respeito da função e remuneração.

CAPÍTULO 11

Alavanque a Propriedade Intelectual: O Marketing Afiliado e Joint Ventures

Quando você tem um número de seguidores grande o suficiente, cria uma nova opção de fonte de renda. Você pode começar a ganhar dinheiro com relacionamentos afiliados — basicamente, receber uma parte da receita em troca de enviar clientes pagantes para um vendedor.

Essa opção pode ser lucrativa, principalmente se você ainda não tem um produto próprio, mas tem um público fiel. "Você pode criar um ótimo produto (digital) por menos de US$10.000", diz Matt McWilliams, especialista em joint ventures. "Mas se seu público for realmente pequeno e você pensar: 'Vou vender três desses', não é viável sair e gastar, em muitos casos, US$6.000 ou US$7.000 para criar um produto e investir muito tempo." A melhor opção é promover os produtos de terceiros, McWilliams sugere. "A barreira para entrar é mínima."

De fato, a primeira promoção de afiliação de que participei foi um e-mail que enviei para as pessoas de minha lista incentivando-as a se inscrever em um webinário especial de US$99 sobre networking apresentado por McWilliams, John Corcoran e outro colega deles. Eu sabia que o conteúdo seria bom, então me senti à vontade em recomendá-lo. Depois de enviar dúzias e dúzias de e-mails ao longo dos anos, fiquei surpresa quando, algumas semanas depois, recebi um cheque de US$365: minha primeira comissão de vendas. Nunca tinha ganhado dinheiro diretamente por meio de envio de e-mails e isso me fez compreender as possibilidades que eu havia negligenciado até o momento.

Este capítulo analisará os diferentes aspectos dos relacionamentos afiliados, desde a Amazon Associates e outros programas de empresas até relacionamentos com outros empresários (também conhecidos como joint ventures ou JVs). Vamos discutir como organizar as JVs em larga escala e como encontrar parceiros de JVs. Finalmente, analisaremos os aspectos básicos das parcerias — incluindo gerir o processo, assumir um compromisso e, o mais importante, manter sua reputação.

Amazon Associates

O programa de afiliação mais conhecido, que está em todos os lugares, provavelmente é a Amazon Associates, administrado por um varejista online. Se as pessoas clicarem em seu link para entrar no site da Amazon, você receberá uma porcentagem (geralmente de 4% a 8%) de qualquer coisa que comprarem dentro de 24 horas. Você pode atrair as pessoas para a Amazon usando links de produtos úteis nos posts de blogs, por exemplo. Lindsay Ostrom, do *Pinch of Yum*, escreve "posts centrais" destinados a ser artigos definitivos abrangentes sobre determinados temas, como preparação de refeições com panelas elétricas. Ela recomenda certas marcas, oferece dicas para usá-las com eficiência e inclui receitas interessantes. Para cada item mencionado, se a Amazon o vender, ela inclui um link especial que permite ao *Pinch of Yum* receber uma renda afiliada.

Geralmente ganho entre US$100 e US$300 por mês com a Amazon Associates — uma boa fonte de renda adicional que não requer trabalho extra. Algumas pessoas, porém, saíram-se incrivelmente bem com a Amazon Associates; Darren Rowse, do site *Problogger,* estima que ganhou mais de US$600.000 com o programa ao longo de um período de 13 anos.[1]

Experimente:

Primeiro crie uma conta na Amazon Associates (uma busca rápida na web vai levá-lo à página certa). Agora, considere o seguinte:

- Pense em produtos que podem se destacar (se você tem um blog culinário, podem ser panelas elétricas e utensílios de cozinha; se tem um blog de negócios, podem ser livros, material de escritório ou certos tipos de software). Que conteúdo você pode criar que lhe dará oportunidades progressivas de apresentar esse item (como uma análise de como tirar o melhor proveito de uma panela elétrica, ou como usar determinado material para melhorar a produtividade)?

- Para manter a confiança de seus leitores, faça questão de revelar que ganha uma comissão para recomendar um produto.

Relacionamentos Afiliados com Outras Empresas

A Amazon é um parceiro tranquilo de se trabalhar porque é uma marca conceituada e vende uma grande variedade de itens; você pode tanto direcionar as indicações para livros da Amazon em um dado momento como para câmeras ou equipamentos de ginástica em outro. Todavia, os pagamentos sãos relativamente baixos.

Outras empresas, porém, criaram programas de afiliados que, quando alavancados adequadamente, são bastante lucrativos para os participantes. Pat Flynn descobriu isso em 2010, quando lançou o projeto que chamou de "Niche Site Duel", no qual ele e um amigo criaram sites do zero focados em setores dos quais não tinham conhecimento prévio. (Flynn escolheu treinamento de vigilantes de segurança.) "Competíamos para ver quem ganharia dinheiro primeiro, se isso fosse possível, e quanto ganharíamos no total", lembra-se Flynn. Eles registravam suas tentativas publicamente, compartilhando os resultados positivos e negativos.

Flynn demonstrava passo a passo aos leitores todo seu processo de usar as ferramentas de busca com palavras-chave para selecionar seu nicho, e mostrava como ele desenvolveu o site que oferecia o treinamento de vigilantes de segurança e, assim, começou a atrair um bom tráfego de acessos. A cada passo que dava, escrevia posts detalhados em blogs e conectava-os — com os links afiliados — às ferramentas que usava. (Veja o quadro "O Lado Pessoal do Marketing Afiliado" para aprender mais sobre como canalizar mais tráfego para seus afiliados.) "Depois de 73 dias, ganhei meu primeiro dólar naquele site", lembra-se ele. A resposta dos leitores foi imediata. "No dia em que contei que era o número um no Google (em treinamento de vigilantes de segurança) e estava ganhando dinheiro, meus rendimentos de afiliação subiram dez vezes. Era a prova de que aquilo realmente funcionava." Até hoje, uma boa parte dos rendimentos de Flynn vem das parcerias de afiliados com provedores das ferramentas de negócios fundamentais que recomenda — o serviço de hospedagem de sites BlueHost (mais de US$31.000 só em março de 2017); os provedores do serviço de e-mail AWeber e ConvertKit (um pouco menos de US$15.000 combinados naquele mês; e o LeadPages, uma ferramenta que ajuda a maximizar a aquisição de suas assinaturas de e-mail (mais de US$7.000 naquele mês).[2]

Experimente:

Se houver influenciadores em seu ramo que você realmente respeita, considere fazer o seguinte:

- Assine a lista de e-mail deles e veja se dão cursos ou quais são os outros produtos que promovem. (Compre-os para poder conhecer ainda mais o trabalho deles.) Se vendem produtos, é provável que ofereçam um programa de afiliação. Você pode visitar o site para obter mais informações ou, ainda melhor, enviar um e-mail para perguntar diretamente.

- Se realmente acredita no trabalho que fazem — mesmo que você só tenha uma lista de e-mails modesta —, é provável que eles o leiam e respondam. Sabe-se que os evangelistas [grandes admiradores] fazem a melhor propaganda, porque falam por experiência própria sobre como os produtos do influenciador os ajudaram.

O Lado Pessoal do Marketing Afiliado

Quando você recomenda um produto e envia as pessoas para a Amazon através de seu link afiliado, isso é uma boa fonte de renda adicional. Porém, o marketing afiliado [ou marketing de afiliação] também é uma maneira poderosa de formar relacionamentos e rede de contatos.

Selena Soo domina esse princípio. Embora venda os próprios produtos, como o curso *Get Known, Get Clients*, Soo também trabalha como afiliada para determinados empresários online. Ela gosta de uma renda extra, mas essa não é sua motivação principal. É a fidelidade. "Tenho sido afiliada de basicamente dois programas", conta ela. "Um deles foi para meu mentor Ramit Sethi. O outro, para meu mentor Ruan Levesque. Quando se trata de coisas assim, sou muito competitiva."

Soo encara sua capacidade de promover seus mentores como uma forma de se conectar mais profundamente com eles e agradecer sua ajuda. Lembrando a promoção de um teste dos grupos mastermind de Levesque, ela diz: "Lembro de ter essa preocupação com a identidade: tenho que vencer. Não posso ficar em segundo lugar. Não conseguiria viver comigo mesma... Quero mostrar a Ryan que sou capaz."

Muitas pessoas que concordam em promover algo podem enviar um e-mail algo anódino, do tipo "copiar e colar". Soo, porém, estava determinada a fazer com que sua mensagem se destacasse. "Naquela noite de sexta-feira", lembra-se ela, "enviei um e-mail para as pessoas — uma espécie de e-mail misterioso para toda a lista. Eu disse a elas: 'E se você fizesse parte de uma comunidade especial VIP em que pudesse obter feedback pessoal dos melhores empresários do mundo? Faço parte de um grupo assim com que conto fortemente em meus lançamentos e que me ajuda de todas as formas para potencializar minha influência. Por um tempo muito limitado, eles estão disponibilizando associação a esse grupo, mas é apenas um convite, se estiver interessado, avise-me, respondendo a este e-mail'".

(continua)

Eles ficaram interessados. Nas 48 horas seguintes, 800 pessoas responderam ao e-mail de Soo.

Contudo, ela não parou por aí. Ofereceu um material gratuito para os assinantes que se inscreveram no programa de Levesque — gravações de dois webinários e um PDF de 50 páginas que ela criou sobre o funcionamento do lançamento de um de seus cursos online.

Sua abordagem de forte envolvimento — que citou sua ligação pessoal com Levesque, atestou os benefícios que recebeu do grupo e ofereceu estímulos adicionais — funcionou muito bem. Ela levou 127 pessoas a se cadastrarem em uma adesão experimental no grupo, ganhando o concurso e o retiro de um dia com Levesque. O dinheiro — um pouco mais de US$6.000 — foi um ganho secundário. "Recebi US$50 por venda", conta ela. "Isso é bem menos que um programa de US$2.000, em que normalmente se ganharia uma comissão de US$1.000 (em um arranjo de JV). Ganhei muito menos, mas para mim foi mais importante apoiar meu mentor."

Formando Parcerias JV

Os relacionamentos de afiliação são frequentes com empresas como a Amazon, mas também podem ser realizados com outros empresários, em parcerias JV. Se você tem um bom relacionamento com alguém e seus produtos, e as áreas de foco estão alinhados, ingressar em uma JV pode ser um meio lucrativo e mutuamente vantajoso de se apresentarem aos respectivos públicos.

Essa é a premissa de uma listserv [um software de retransmissão de e-mails para uma lista predeterminada] particular que o consultor Dov Gordon lançou por volta de 2009. Ela se chama JVMM — Joint Venture Marketing Mastermind — e reúne mais de uma centena de empresários interessados em se conhecer e possivelmente formar parcerias de joint venture.

Ele vinha procurando meios de comercializar seu negócio de consultoria voltado para pequenos negócios e empresários, mas percebeu que a publicidade tradicional era muito cara. Por outro lado, as joint ventures com outros empresários pareciam uma perspectiva atraente.

Vamos analisar um exemplo de como funciona uma joint venture. Quando me associei a Gordon, enviei um e-mail para minha lista promovendo um telesseminário gratuito que ele apresentava sobre como melhorar o processo de marketing. Expliquei minha ligação com ele, meu respeito pelo seu trabalho, e por que os leitores poderiam se interessar. Quando algum de meus seguidores se inscrevia para o telesseminário, eram adicionados à lista de e-mails dele (da qual podiam cancelar a inscrição em qualquer momento).

Assim, com a minha promoção ou de outro parceiro, ele tinha a possibilidade de adicionar centenas de e-mails à sua lista. "É assim que você aumenta sua lista e seu negócio", diz ele. A ausência de custos iniciais é um benefício adicional. Gordon conta sobre quando começou: "Eu estava totalmente quebrado." Porém, ele não tinha que pagar comissão para seus parceiros da JV, a menos que uma indicação resultasse em uma venda e ele mesmo fosse pago primeiro. Em nosso caso, vários dos meus leitores solicitaram serviços da consultora de Gordon, gerando mais de US$3.500 em comissões afiliadas para mim.

Em teoria, tudo parece ótimo, mas Gordon diz que a JVMM não teria funcionado se ele não tivesse escolhido os colaboradores certos. Ele identificava parceiros em potencial que atendiam a um público semelhante e assinava sua lista de e-mails, acompanhando-os durante algumas semanas ou meses para confirmar se eram uma boa escolha.

Ele rejeitou profissionais — mesmo famosos — que não enviavam suas listas regularmente ou, ao que tudo indicava, promoviam outros acordos de JV. E também recusou os profissionais que, apesar de adotarem as JVs, tinham uma abordagem recheada de propaganda exagerada voltada para vendas, coisa que não combinava com seu estilo. Para os candidatos certos, porém, ele enviava uma breve mensagem: "Olá, estou em sua lista há alguns meses e observo o que tem feito. Acho que você pode se qualificar ou ser uma boa opção para esse grupo de joint venture"; depois, ele explicava brevemente.

Agora, quase uma década depois, o grupo recruta candidatos novos por meio de indicações de membros existentes, mas conseguir a combinação inicial certa foi fundamental para seu sucesso. Gordon procurava parceiros colaborativos que compartilhassem seus conselhos com todos e fossem, ao menos, abertos a promover alguns projetos dos membros, caso estivessem em sintonia com o próprio foco.

Os relacionamentos de JV que Gordon cultivou foram determinantes para seu sucesso. "Eles têm sido a principal fonte de clientes para nosso negócio", afirma. "Passamos de uma lista de algumas centenas de pessoas para mais de 10 mil."

Formando Parcerias JV em Larga Escala

Gordon costuma realizar webinários pontuais com os parceiros durante o ano. Todavia, outra forma de parceria JV é se associar para promover um lançamento de tempo limitado, que exige muito planejamento e coordenação. É aí que entra Matt McWilliams, que também é membro do grupo JVMM de Gordon.

Ele recorda que sua primeira investida no marketing online foi um tanto desastrosa. No início dos anos 2000, cofundou uma empresa que vendia *insurance leads* [clientes potenciais de seguros] e imaginou que a internet seria um ótimo lugar para encontrá-los. Ele gastou mais de US$4.000 em banners publicitários e ganhou US$8 em troca. "Não gaste tudo em um só lugar", aconselha, arrependido.

Certamente, ele precisava seguir outro caminho. Quando descobriu o marketing de afiliação, como Gordon, foi atraído pelo fato de que você só paga se realmente gerar vendas: nada de jogar fora milhares de dólares com retorno zero. McWilliams aumentou o faturamento da empresa para uma receita de mais de US$12 milhões ao ano e mais de 50 colaboradores, e acabou adquirindo um conhecimento significativo em marketing de JV no processo. Hoje, em um novo empreendimento, ele administra relacionamentos de afiliação para conhecidos escritores e empresários como Brian Tracy, Lewis Howe e Jeff Goins.

Como Jeff Walker descreve em seu Product Launch Formula, o alicerce do conceito de seu famoso curso online, é importante começar com uma semente ou o lançamento de um piloto, testar a teoria de sua ideia e ver se as pessoas realmente querem comprar seu produto ou serviço. Assim que for validado, você pode fazer o que ele chama de "lançamento interno" — disponibilizar o produto para venda e para a própria lista, ou seja, para as pessoas que já gostam de seu trabalho e confiam em você. Finalmente, depois de ganhar mais experiência e saber com certeza que seu produto é atraente e eficaz, você o lança para um público maior — o lançamento JV, que caso feito corretamente pode lhe render centenas de milhares ou até milhões de dólares.

McWilliams diz: "Não importa o tamanho de seu público — se for Tony Robbins e tiver um milhão de pessoas em sua lista de e-mails, ou for alguém só começando e tiver 500... você tem um número finito de livros ou produtos, ou seja lá o que for vender. Há um limite. Não há como expandir isso sem o envolvimento de terceiros."

Encontre Parceiros de JV

Em vista disso, como encontrar seus parceiros de JV? Assim como Gordon "perseguiu" membros em potencial para a JVMM por algum tempo a fim de determinar se eram uma boa opção como parceiros, McWilliams e seus associados fazem o mesmo, só que em uma escala ainda maior. "Todos os dias, o tempo todo, tenho uma equipe de assistentes virtuais que trabalha varrendo a internet", conta McWilliams. "Assinamos praticamente todos os boletins informativos da internet. Temos uma conta no Gmail que recebe mais de mil e-mails por dia que são apenas mensagens de marketing e boletins informativos."

O objetivo é saber quem promove algo e compreender seu estilo, tom e interesses de modo geral. McWilliams começa entrando em contato, apresenta-se, e por fim oferece fazer o acompanhamento do lançamento que forem realizar. Com o passar do tempo, à medida que desenvolvem um relacionamento, McWilliams tem uma tarefa mais direta: "Olá, temos um lançamento de um cliente em breve. Você estaria interessado em promovê-lo? Veja aqui o que acho que seria bom para seu público."

Contudo, não é necessário ter o volume de contatos de McWilliams (e a equipe de assistentes virtuais para administrá-los) para encontrar bons parceiros para JVs. Indicações de amigos e colegas geralmente são a melhor forma de achar contatos qualificados. E mesmo que você não tenha isso, pode simplesmente começar procurando no Google. McWilliams sugere procurar por termos relevantes em seu nicho, por exemplo, "afiliados ensino violão". Isso lhe possibilita formar um banco de dados de profissionais de marketing online relevantes.

Se estiver pensando em longo prazo, o melhor modo de construir relacionamentos é "fazer contatos aos poucos e desenvolver um relacionamento com eles, segui-los no Twitter e compartilhar o conteúdo deles", aconselha McWilliams. Menos recomendável, mas ainda viável, é fazer contato com um pedido direto para eles revisarem ou promoverem seu curso; alguns até podem dizer sim.

Porém, talvez a melhor forma de encontrar parceiros para afiliação é se tornar um deles. "Acho que, na vida, todos já tivemos alguém que admiramos e a quem enviamos um ou dois e-mails sem obter resposta... Não os censuro, mas é diferente quando você ganha dinheiro para uma pessoa", diz ele. "Quando, por exemplo, promovo com sucesso o lançamento de alguém e ganho US$5.000, US$10.000 ou US$20.000 para ele", isso ativa seu senso de reciprocidade. É mais provável que eles se interessem pelo trabalho que você faz, ofereçam ajuda e talvez até se tornem um afiliado de seus produtos ou curso, caso seus públicos estejam alinhados.

Experimente:

Quando começar a procurar possíveis parceiros de JVs, pense no seguinte:

- Inscreva-se em listas de e-mails de outras pessoas em seu ramo. Veja que abordagem tem a ver com a sua e quem parece participar de parcerias JV.

- Faça o possível para conhecê-los ao longo do tempo. Se participar da mesma conferência, apresente-se. Comece a segui-los nas redes sociais e a compartilhar seus posts. Contate-os e ofereça-se para promover seus produtos em sua lista, se for apropriado. Com o tempo, você terá transformado um contato inexpressivo em um relacionamento mutuamente vantajoso.

Administrando o Lançamento

No entanto, encontrar parceiros de JV é apenas o primeiro passo. Depois de tê-los identificado, você precisa lhes proporcionar os recursos de que necessitam para promover seu trabalho com sucesso. Isso pode incluir gráficos ou banners publicitários para eles poderem usar, ou uma amostra para as mídias sociais. Todavia, o mais importante é a chamada "swipe copy" (versão escrita a partir do conteúdo de terceiros) — amostras de e-mails que eles podem usar como modelo para enviar ao próprio público, que explicam quem você é, o que oferece e os benefícios que receberão ao comprar. Um típico período de lançamento vai durar muitas semanas, de modo que isso inclui dezenas de e-mails, embora a maioria de parceiros de lançamentos não envie tantos assim. "Sugerimos que você os edite e grave com sua voz, mas é uma cópia que serve de inspiração", diz McWilliams. "Dê a eles coisas como os fatos e 'os quatro pontos principais que este vídeo abordará'."

Disponibilizar amostras e outros recursos para seus parceiros é importante, mas não suficiente. "'Promover' tem significados diferentes", diz McWilliams. Alguém pode concordar em apoiar seu lançamento e ter a melhor das intenções, mas se eles tiverem uma semana movimentada, podem enviar apenas um tuíte e fazer uma ligação por dia. Sim, eles estão perdendo uma possível renda afiliada, mas essa provavelmente não é sua principal fonte de renda. Todavia, caso seja seu lançamento, ter um parceiro que não cumpre o compromisso é um contratempo devastador, que pode lhe custar milhares ou dezenas de milhares de dólares. Você precisa mantê-los motivados e a todo vapor.

Uma forma comum de fazer isso é publicar "tabelas de classificação" atualizadas que rastreiam o número de assinaturas e/ou vendas que vários parceiros geraram. A dinâmica — a importância de ser o número um — certamente motivou Selena Soo em sua busca para ajudar o lançamento de Ryan Levesque. "A verdade é que a maioria das pessoas no mundo empresarial é competitiva", diz McWilliams. Naturalmente, se alguém lhe diz que não gostou dessas tabelas, McWilliams vai omiti-las; mas, em geral, ele as considera uma ferramenta motivadora, muitas vezes combinada com prêmios atraentes que as pessoas competem para ganhar.

Por exemplo, participei recentemente de uma conferência virtual de altíssimo nível na qual o primeiro prêmio era de US$10.000 ou uma viagem ao Grand Canyon; o segundo era uma poltrona de massagem ou US$4.000; e o terceiro, um drone ou US$2.000, entre outras coisas. Em última instância, no entanto, poucos parceiros vão concordar em promover seu trabalho com base na chance de ganhar um prêmio. Em vez disso, sua decisão se baseia no respeito pelo seu trabalho e no valor que você pode agregar a seu público.

De fato, em meu primeiro lançamento JV — em parte porque eu não tinha ideia do sucesso que seria e não queria exagerar nas promessas —, evitei as tabelas de classificação e prêmios. Meus afiliados receberiam uma comissão sobre as vendas e minha gratidão, mas essa era a única garantia.

Ainda assim, consegui a adesão de 42 parceiros. A primeira meta de todos era simplesmente me ajudar. Eu tinha sido afiliada deles no passado, o que é uma ótima maneira de consolidar conexões; outros vieram por indicação de amigos ou haviam me contatado no passado a fim de me entrevistar para um blog ou podcast. Para proteger a integridade de seu lançamento e assegurar que as pessoas fiquem motivadas pelas razões certas, é melhor começar com seus amigos e sua rede de contatos existente, e desenvolvê-la a partir daí.

Assumindo um Compromisso

Outro recurso motivacional, além da tabela de classificação, é simplesmente estimular as pessoas a assumirem um pré-compromisso. McWilliams lembra a própria experiência ao promover o lançamento de Danny Iny. Em vez de recrutar cada parceiro de JV em potencial, Iny fez uma exigência: para participar do lançamento, você tinha que participar de uma reunião preliminar detalhada com ele, a fim de discutir a estratégia de lançamento e expor exatamente quando e com que frequência a promoção se realizaria.

A reunião preliminar funcionou como um incentivo, pelo menos para McWilliams. Durante a semana do lançamento de Iny, McWilliams conta de uma tarde de sábado em que estava cansado. "Eu só queria terminar o trabalho", lembra-se ele. "Era o fim de uma semana longa e pensei: 'Sabe de uma coisa? Vou escrever esses e-mails amanhã. Por hoje, chega.'"

Porém sua consciência o perturbou: "Não, você lhe disse que iria enviar todos os e-mails. Você precisa escrever o restante." As vendas resultantes no dia seguinte renderam a McWilliams US$4.000 adicionais, além de uma viagem grátis a Atlanta para participar de um grupo mastermind com Iny. A razão pela qual se esforçou, ele conta, foi "só aquela voz me dizendo: 'Não, você assumiu um compromisso'". Agora, McWilliams assegura-se também de fazer ligações preliminares para seus parceiros de JV.

Iny, que estudou os lançamentos extensamente, explica seu raciocínio. Normalmente, ele diz: "Mais de 80% ou 90% de seus resultados virão de seus cinco melhores parceiros. Sempre achei que isso não faz sentido. Se isso acontece é porque normalmente só os cinco melhores na tabela de classificação estão organizados suficientemente bem para fazer um bom trabalho. Eu dizia: 'E se ajudarmos todo mundo a fazer um bom trabalho?'"

Sua primeira medida foi só aprovar parceiros que estivessem totalmente comprometidos com o lançamento. Ele recusou até aqueles com uma lista grande que não podiam se comprometer com o foco do lançamento nas duas semanas em que as atividades estariam no auge. Iny passava até uma hora no Skype com cada parceiro repassando o plano de lançamento e pedindo-lhes para marcarem especificamente quando e como enviariam as mensagens para sua lista. "Ao me esforçar desse jeito, gastei 40 horas de trabalho, talvez um pouco mais", diz ele. "Isso provavelmente resultou em rendimentos de um milhão de dólares."

Experimente:

Antes de fazer um lançamento de JV do próprio produto, seja parceiro JV de várias outras pessoas para poder conhecer as melhores práticas e os métodos adequados para você. Com calma, planeje exatamente como gostaria que fosse seu lançamento. Faça-se perguntas como:

- Quantos parceiros terei?
- Quem eles são, exatamente? (Se não tem relacionamentos sólidos no momento com esses indivíduos, o que fará entre agora e a data de lançamento para criar uma conexão mais profunda?)
- Quais materiais e *swipe copy* você disponibilizará e até quando?
- Você fará uma ligação preliminar obrigatória? Em caso positivo, que plano de ação vai recomendar para promover melhor seu trabalho?

Preservando Sua Reputação

"Obrigada por apresentar um ótimo webinário", dizia o e-mail. "Foi bem organizado e instigante. Ele me deu algumas ideias para expandir meu negócio."

Essa foi uma mensagem de agradecimento que recebi de um assinante da minha lista de e-mails depois de realizar um webinário com um parceiro JV. Também é um bom exemplo do que uma parceria bem-sucedida pode render — impactar positivamente seus seguidores. Infelizmente, nem sempre isso acontece com as parcerias JV, portanto é importante ser cuidadoso. Afinal de contas, como empresário, você não pode pôr um preço em sua reputação; sem ela, você não tem nada.

Minha experiência com parcerias JV começou no outono de 2015, quando experimentei apresentar por um ou dois meses temas que achei serem interessantes para meus leitores — networking, palestras especializadas, estratégias de marketing etc. Algumas dessas parcerias foram extremamente bem-sucedidas; um webinário com Iny promovendo seu curso online me rendeu US$11.000 com receitas de afiliação em apenas duas horas. Porém, as outras foram menos eficientes, e por fim mostraram não valer a pena quando se considera o tempo necessário para programar, promover, coordenar e apresentar o webinário.

Colaborei com muitos parceiros diferentes e, como McWilliams recomenda, procurei aprender os truques do ofício antes de criar um curso online sozinha. Rapidamente, percebi que parecia haver um padrão estabelecido de melhores práticas. No caso de lançamentos de produtos completos, eu recebia a *swipe copy* e as informações sequenciais que McWilliams descreveu.

Conforme pesquisava webinários de JVs, também descobri que eles pareciam ter um formato de apresentação comum. Muitas vezes, começavam com a definição do contexto, seguida da explicação dos apresentadores sobre as próprias dificuldades com o problema em questão (encontrar clientes, network etc.). Em seguida, eles contavam como as resolviam e como essa solução mudava suas vidas, e compartilhavam as informações sobre sua fórmula antes de concluir com um argumento de venda: quem estiver interessado pode levar o aprendizado adiante inscrevendo-se em um curso ou contratando os serviços de consultoria.

Em geral, esse é um formato consistente. Afinal, a menos que explique por que um problema é relevante para um cliente e por que é você quem pode ajudar, você fará poucas vendas, se é que vai conseguir fazer alguma. Mas, entre o obscuro pessoal de marketing da internet — dos quais fiz de tudo para me manter longe —, as coisas podem ir longe demais. Dow Gordon descreve esses formatos de apresentação: "Há muita imitação, a ponto de pessoas diferentes parecerem iguais."

Os melhores webinários oferecem informações úteis e agregam valor a todos que participam, mesmo que os expectadores acabem não comprando o produto. Porém, na outra ponta do espectro, apresentadores inescrupulosos muitas vezes desperdiçam muito tempo no início do webinário com a criação de uma luta arquetípica, na qual o herói descreve sua péssima situação em detalhes — como estava falido, obeso e seu casamento, desabando — e então se torna capaz de superar tudo usando os segredos mágicos que está prestes a revelar (o que, na verdade, fica só na impressão). Adicione uma boa dose de exibição ostensiva de riqueza — fotografias em uma casa luxuosa, família, carro — e dados incompletos sobre do que se trata sua técnica, e você criou uma amostra de 90 minutos destinada a enfurecer os consumidores esclarecidos e atrair o mais baixo denominador comum.

Se tiver parceria com esse tipo de apresentador, seus seguidores vão associá-lo a *você*. É por isso que só concordo em participar de webinários JV com profissionais que conheço pessoalmente ou que foram recomendados por colegas próximos. Sempre converso com eles por muito tempo, reviso o material e faço questão de descobrir seus conhecimentos e habilidades antes de concordar em trabalhar com eles. Sou muito cuidadosa pelo mesmo motivo que você deveria ser: webinários JV, embora relativamente fáceis e potencialmente lucrativos, também são um risco à sua reputação caso decida recomendar um parceiro inadequado. Seu público o responsabilizará por isso.

Mesmo com todas as precauções que tomei, ainda recebi queixas sobre alguns parceiros com quem trabalhei. Lembra-se do mesmo sujeito que havia me elogiado, conforme citei antes? O material dele era realmente excelente. Porém, ele era cruel com as notificações de e-mail, inundando os que tinham se inscrito com follow-ups intermináveis. Um participante me escreveu: "Embora ele tenha algumas ideias válidas e, de fato, tenha construído um negócio bem-sucedido, suas táticas de venda de pressionar as pessoas e mandar e-mail sem parar foram inconvenientes. Sei que posso ser uma minoria e que as vendas podem ser um jogo de resultados... mas ele me passou a impressão de ser muito, muito pegajoso."

O irritante das melhores práticas de webinários é que as técnicas "pegajosas", seja no conteúdo ou no follow-up, aparentemente, pasmem, funcionam bem. Até mesmo os profissionais talentosos podem ter dificuldade em resistir a elas. Afinal, os empresários inteligentes não seguem as melhores práticas do setor?

Mesmo assim, o que falta com frequência é a compreensão do prejuízo de longo prazo que você pode causar à sua marca. Você pode, de fato, sacrificar alguns milhares de dólares se não enviar o décimo quinto e-mail para sua lista lembrando que "a loja está fechando agora". Mas, se pretende criar múltiplas fontes de renda em longo prazo em vez de maximizar rendimentos em curto prazo, você tem que desistir dessa prática.

Quando se trata de táticas de venda de mau gosto, Gordon diz: "Deixo isso de lado, porque procuro certos tipos de cliente. Não sei se é a coisa certa a fazer. Não sei se teria um resultado melhor se eu fizesse igual. Não sei e, francamente, não me importo, porque é uma questão de como quero me apresentar."

Para realmente ter sucesso — não só financeiramente, mas em termos de construir carreira e reputação duradouras —, você precisa cultivar uma indiferença consciente semelhante, porque está em um jogo mais importante. Isso o coloca em uma ótima posição em longo prazo para usufruir da carreira e vida que quer. E é sobre isso que falarei no capítulo final.

Experimente:

Se você tem um curso ou produto online, comece a preparar seu próprio webinário JV (planeje cerca de uma hora de conteúdo, incluindo tempo para um breve argumento de vendas para explicar sua oferta e então de 15 a 20 minutos adicionais de perguntas e respostas). Agora, faça o seguinte:

- Teste-o primeiro com seu público. Como as pessoas respondem? Como estão as vendas? Uma vez otimizado, você pode pensar em oferecê-lo a outros públicos.

- Faça uma lista de parceiros de JV em potencial que possam querer que você se apresente a seu público. Parceiros ideais devem ser pessoas que você respeita e com as quais tem um bom relacionamento, e que falem a públicos complementares. Seria estranho oferecer um webinário (e cursos adjacentes) sobre como criar uma carreira de palestrante para o público de um parceiro JV que faz exatamente a mesma coisa. Porém, seria altamente lucrativo oferecer ao público dessa pessoa um webinário sobre como criar uma plataforma escrevendo um livro, ou como criar produtos para vender nos eventos em que profere palestras.

- Comece com um ou dois parceiros com quem tenha relacionamentos especialmente sólidos e que concordem com webinários recíprocos (eles apresentam sua lista e vice-versa). Nem sempre é preciso haver reciprocidade — às vezes, seu público está em sintonia com você, porém o inverso não é verdadeiro —, mas é uma boa forma de começar e você pode estreitar o relacionamento e resolver os pequenos problemas com um parceiro confiável.

CAPÍTULO 12

Viva a Vida que Você Quer Viver

Todos os empresários querem ganhar dinheiro com o negócio que criaram. Mas, para muitos, o dinheiro está em segundo plano. A meta principal é a liberdade — a independência de viver a vida como você quer, fazendo um trabalho pelo qual é apaixonado e empregar seu tempo com coisas que para você são mais importantes. Porém, depois de anos desenvolvendo um negócio a ponto de você ser procurado, pode ser difícil mudar de repente suas prioridades de ganhar dinheiro e aceitar todos os compromissos a fim de aprender a dizer não para poder focar os aspectos do trabalho que realmente lhe agradam.

Michael Bungay Stanier enfrentou exatamente esse dilema. Ele é o empresário de Toronto mencionado anteriormente neste livro cuja empresa, Box of Crayons, agora treina gerentes para orientar seus colaboradores com eficácia. Embora tenha começado com treinamento direto de executivos, ele relembra: "Em certo momento, cheguei à conclusão de que não gostava muito de treinar executivos." Ele estava interessado em ajudar pessoas a mudarem o comportamento, mas "era muito solitário, muito isolado, a energia não era boa". Apesar de estar finalmente ganhando um bom dinheiro como coach, ele se deu conta de que precisava desistir desse trabalho a fim de construir um modelo de negócio mais sustentável que se adequasse mais à sua personalidade.

Da mesma forma, para Jayson Gaignard, organizador da famosa conferência Mastermind Talks, parecia fácil iniciar um grupo mastermind cada vez mais exclusivo e de altíssimo nível. Ele decidiu reunir um grupo de profissionais para retiros trimestrais de três dias, que eram, em suas palavras, "Experiências realmente divertidas e únicas". Cada retiro começava com um dia de "experiência" que contava com uma atividade interessante para facilitar a união do grupo — como visitas aos bastidores do Cirque du Soleil, à Apple University no campus da Apple e ao Cassino Aria.

"O segundo dia de cada sessão era um dia de mastermind em que os participantes podiam compartilhar seus desafios de negócios e aprender uns com os outros, e o terceiro era um dia de aprendizado, no qual Gaignard levava palestrantes especialistas de fora. Principalmente considerando a faixa de preço (US$25.000 por pessoa, por ano), como não adorar?"

Porém Gaignard descobriu que, ao contrário de sua conferência Mastermind Talks — que era cansativa, embora emocionante para ele —, promover os retiros era apenas exaustivo. "Eles simplesmente não me animavam. Na verdade, me esgotavam", conta ele. "Achei que iria gostar, mas descobri que não." Apesar das centenas de milhares de dólares em receita a que renunciou, ele encerrou o programa depois de dois anos. Às vezes, a fim de preservar sua felicidade, você tem que dizer não ao dinheiro.

Uma estratégia que deixa isso muito mais fácil é o compromisso de manter suas despesas gerais baixas para nunca ser obrigado a fazer coisas pelo dinheiro. A verdade é que trabalhar para se tornar um especialista reconhecido e construir um negócio de sucesso leva tempo e, por um período, *é* um jogo de soma zero. O tempo investido no crescimento em longo prazo é o tempo retirado das atividades geradoras de receita em curto prazo.

Minha renda bruta caiu cerca de US$120.000 entre 2011 e 2012, enquanto eu focava atividades de criação de plataforma e recusava negócios que me teriam mantido presa ao velho paradigma. Minha renda se recuperou um pouco no ano seguinte, quando meu primeiro livro foi publicado, mas só retomou aos patamares anteriores em 2014.

Atualmente, ganho muito mais dinheiro do que no auge de 2011, mas muitas pessoas não estariam dispostas a trocar o pagamento garantido em curto prazo, mesmo que ficassem presas em um modelo de negócios totalmente insatisfatório, pela possibilidade de ganhos em longo prazo.

Alguns ficaram presos em situações que fazem com que isso seja difícil, incluindo as algemas douradas de hipotecas imobiliárias "salgadas" (eu propositalmente comprei um apartamento em uma vizinhança "emergente" enquanto formava meu negócio para poder viver confortavelmente e não ficar estressada se meus negócios sofressem algum revés). Porém, recomendo que você faça uma redução estratégica, se puder.

Gastar menos lhe dá mais liberdade para experimentar em seu negócio e, de modo decisivo, mais espaço para buscar projetos que são rentáveis, mas que não geram retorno em curto prazo. Hoje, uma parte significativa de minha renda anual vem das palestras profissionais — uma atividade que independe de localização, já que vou de avião para as conferências e para empresas dos clientes a fim de as realizar.

Isso não teria sido possível sem focar os blogs para construir minha plataforma, onde recebo pouco dinheiro, quando recebo, e publicar meus livros, que me colocam no radar para conhecer organizadores e executivos que nunca conseguiriam me conhecer através de meu modelo de crescimento anterior com base em indicações.

Neste capítulo final do livro, vamos analisar meios de usar a liberdade que você conquistou como empresário *monetizado* para realmente construir a vida que quer viver. Começaremos examinando os prós e contras do crescimento, e depois exploraremos coisas como contratar um assistente virtual; conseguir outros tipos de ajuda de que possa precisar; decidir qual tipo de negócio você realmente quer; colher as recompensas das viagens; exercitar a liberdade de escolha e administrar seu tempo. Concluo com uma reflexão sobre o motivo pelo qual trabalhamos e como deixar claro no que você realmente trabalha.

Experimente:

Ao pensar no tipo de negócio que gostaria de criar, e a forma como gostaria de estruturar sua vida, pergunte-se:

- Quais aspectos de seu negócio — não só tarefas administrativas, mas funções essenciais — mais lhe desagradam? De que você precisaria para sair desse negócio e fazer a transição para uma nova fonte de renda?

- Quais despesas você pode cortar sem muito sofrimento? (A meta não é levar uma vida de asceta, mas lhe dar mais flexibilidade em seu negócio.)

Os Prós e os Contras do Crescimento

Nossa cultura exalta o desenvolvimento empresarial — os Richard Branson do mundo com impérios multibilionários extensos. Dependendo de suas metas, o crescimento pode ser exatamente no que você deve se concentrar. Essa foi a abordagem de Derek Halpern.

Ele iniciou seu negócio atual — Social Triggers, um site de marketing e psicologia — como um "empresário solo", ele e um laptop. Assim que começou a ganhar dinheiro, contratou um colaborador. Quando o entrevistei para este livro, ele tinha mais de uma dúzia. "Nesse ponto, você começa a perceber a importância do crescimento contínuo", diz ele. "Você também começa a perceber a importância do fato de que, se falhar, a vida de 15 pessoas vai mudar, não só a sua. Costumo mergulhar de cabeça e assumir riscos, mas faço questão, se um dos meus riscos não der o resultado esperado, de não sacrificar a vida de 15 colaboradores."

Experimentei um pouco dessa sensação há mais de uma década, antes de lançar minha empresa de consultoria, quando administrava um pequeno escritório de advocacia sem fins lucrativos voltado para o direito dos ciclistas. Antes disso, eu trabalhara em empregos explicitamente estressantes; é difícil lidar com a imprensa em uma campanha presidencial e ser acordada de madrugada por ligações "urgentes" de repórteres.

Porém, sob o aspecto existencial, administrar uma empresa sem fins lucrativos era muito mais estressante. Eu tinha colaboradores, uma folha de pagamento e uma diretoria que sabia pouco a respeito da arrecadação de fundos. Se a organização quisesse sair do vermelho, cabia a mim descobrir como. "O que o mantém acordado à noite?" tornou-se uma pergunta comum no mundo dos negócios para evocar as dificuldades dos clientes. Mas eu literalmente acordava de madrugada tentando descobrir como conseguir donativos ou receita de serviços para pagar meus colaboradores.

Quando deixei essa organização depois de dois anos no comando, algumas pessoas acharam um risco. O empreendedorismo pode parecer extraordinariamente ousado para os que acreditam no mito do pagamento regular (depois de ter sido demitida de meu primeiro emprego, eu não tinha mais ilusões sobre isso). Mas, para mim, tornar-me consultora realmente parecia muito menos arriscado. Eu tinha vivido com o salário magro da organização sem fins lucrativos e sabia que, de um jeito ou outro, descobriria como conseguir trabalhos como freelancer para me sustentar no mesmo padrão ou até melhor. Contudo, talvez o maior benefício tenha sido a liberdade que senti quando não era mais responsável por Jessie, Vance ou Mike. Jurei que nunca mais aceitaria um emprego interno de período integral e não o fiz em mais de uma década.

Contratando um Assistente Virtual

Porém, essa promessa também teve seu lado negativo. Cerca de um mês depois de iniciar meu negócio, em 2007, eu estava bastante ocupada e ganhando bem para poder pensar em contratar ajuda. Mas fiquei hesitante em terceirizar qualquer aspecto do meu negócio, então comecei a contratar ajuda doméstica em regime de meio expediente. Eu contratava faxineiras, pessoas para preparar as refeições e ajudantes que realizavam tarefas domésticas como lavar roupa. Isso foi útil e me deu tempo para me concentrar no trabalho. Mas eu ainda precisava de ajuda e demorei a perceber isso.

Só em 2013, sete anos depois de começar meu negócio, enfrentei o inevitável: eu não conseguia acompanhar. Antes disso, eu conseguia manter meus clientes satisfeitos, limpar minha caixa de entrada quase todos os dias e progredir em algumas tarefas importantes, como escrever meu primeiro livro, *Reinventing You* —, que fez minha carreira progredir. Entretanto, com a publicação do livro, fui afogada por uma onda de entrevistas, convites para palestras, bate-papos na mídia social e correspondência em geral, das quais eu não conseguia dar conta. Minha caixa de entrada transbordava com centenas de mensagens não lidas e eu ignorava os pedidos importantes por muito tempo. Senti uma crescente sensação de pânico, mas simplesmente não tinha tempo para consertar o problema em meio a uma programação de viagens exaustiva e uma pesada carga de clientes.

Eu ansiava por ajuda, porém minha tentativa anterior de experimentar assistentes virtuais (VAs) da Índia durou apenas uma semana; a definição da empresa de "falar inglês" era um pouco generosa demais, e eu sabia que se alguém fosse me representar, teria que conseguir se comunicar bem em um contexto profissional.

Todavia, quando me vi parada em uma fila em uma conferência ao lado da diretora executiva de uma organização de escritores — Eve Bridburg, mais tarde um estudo de caso em meu livro *Stand Out* —, a inspiração surgiu. Onde eu encontraria escritores excelentes que poderiam precisar de dinheiro extra? Autores de ficção! Perguntei a Bridburg se ela conhecia alguém que pudesse estar interessado em trabalhar para mim como VA e ela se ofereceu para postar um anúncio de emprego em seu serviço de e-mail. Dentro de poucas semanas, contratei Sue Williams, uma escritora e empreendedora talentosa que tem trabalhado comigo meio período desde então em mídias sociais, manutenções básicas da web etc.

Houve vezes em que também tentei outras configurações, incluindo trabalhar com um entusiasmado VA filipino. O lado positivo de utilizar serviços terceirizados em outro país, é claro, é que os preços são muito menores — US$400 a US$800 por mês para um colaborador em período integral nas Filipinas não é incomum. No entanto, é provável que você tenha que montar uma equipe adicional de treinamento e supervisão, pois não se pode contar com as mesmas suposições implícitas que compartilharia com alguém de sua cultura. Embora certamente seja possível encontrar pessoas que falem e escrevam bem sua língua, você talvez tenha que procurar com atenção. Toda uma indústria surgiu para ajudá-lo a achar e avaliar candidatos de VA, normalmente cobrando cerca de US$500 para identificar um grupo de três a seis candidatos, entre os quais você escolhe um e contrata de modo independente.

Conseguindo a Ajuda de que Precisa

Seja lá o caminho que escolher — VAs domésticos, estrangeiros ou outras formas de assistência —, pense bem nos arranjos de alocação de pessoal no início, antes que (como em meu caso) eles se tornem uma emergência. Quando Bjork Ostrom, de *Pinch of Yum*, pensa em seus arrependimentos em relação aos negócios, ele se lembra imediatamente de um. "Eu teria tentado formar uma equipe mais depressa", diz ele. "Estávamos tentando fazer tudo sozinhos." No início, vale a pena poupar e reinvestir o dinheiro nos negócios. Assim, também se tem uma oportunidade importante de aprender todos os aspectos da empresa para que você saiba em detalhes como funciona e, mais tarde, possa supervisionar os outros com eficiência. Porém, saber quando transferir determinadas tarefas é essencial.

Os Ostroms contrataram um contador oficialmente credenciado e um auditor independente para ajudar com os aspectos financeiros do negócio. Contudo, Bjork quer ir além: ele planeja contratar mais pessoas para ajudar nas tarefas administrativas, como atendimento ao cliente e responder e-mails. Ele sabe que a falta de colaboradores impede o crescimento. "Há muitas áreas em que se formou um gargalo", conta. E ele lamenta a falta de publicidade paga até o momento: "Esse é um mercado enorme, que poderíamos utilizar, e sei que... se tivéssemos alguém em nossa equipe que pudesse fazer isso, seria um grande avanço para nós."

Stefanie O'Connell, especialista em finanças pessoais, membro da geração Y, concorda. Recentemente, ela tem focado contratação de pessoas. "Não posso continuar a fazer muitas coisas que vinha fazendo pessoalmente", diz ela. Mas, embora esteja entusiasmada por ter contratado um assistente, sua visão sobre contratar pessoas não envolve apenas terceirização de tarefas administrativas. Ela contratou um coach bem relacionado de alto nível para ajudá-la a desenvolver seu negócio e sua marca. "Pago muito dinheiro por isso", conta, "mas, para mim, é um dinheiro muito bem gasto. É uma apresentação para a mídia, para outras marcas. É como consegui meu agente. E tem sido ótimo".

Experimente:

Se acha que pode se beneficiar de ajuda adicional, comece fazendo o seguinte:

- Durante duas semanas, anote todas as atividades que levam pelo menos 15 minutos para serem realizadas. Faça uma tabela. Onde você gasta mais tempo? Quais dessas atividades são essenciais para seu negócio (tarefas de que gosta e que somente você pode fazer)? Quais não são essenciais e podem ser terceirizadas?

- Com base nas tarefas que quer realizar, pense nas habilidades que você quer em um VA. Se há muita redação envolvida, provavelmente vai querer um falante nativo. Se precisar de ajuda técnica, como edição de vídeos ou podcasts, vai precisar procurar VAs com conhecimentos específicos.

- Depois de finalizar sua descrição de cargo, você pode contratar uma agência para o ajudar a encontrar candidatos (isso é útil se estiver contratando em seu país e obrigatório, em um estrangeiro) ou identificar candidatos sozinho (postando um anúncio na Craiglist, perguntando a amigos, ou mencionando a vaga de emprego para leitores de sua lista de e-mails).

Que Tipo de Negócio Você Quer?

Todas as empresas crescem e se desenvolvem, mas a questão é: Quanto? A maioria das pessoas provavelmente pode se beneficiar de um assistente de meio período ou de terceirizar o cálculo de seu imposto de renda. Porém, é importante considerar as ramificações de um modelo de crescimento como o que Derek Halpern buscou. Ele é muito bem-sucedido, mas não está exatamente tomando sol na praia todos os dias.

Quando começou, lutou para conseguir todos os novos assinantes que podia para sua lista de e-mails. Se achasse que criar um vídeo ou um post lhe renderia 50 novos nomes, ele o fazia.

Atualmente, com mais de 200 mil pessoas em sua lista de e-mails, a história é outra. Ele diz: "Não posso mais fazer coisas para adicionar 100 pessoas à minha lista. Agora, tento encontrar meios de adicionar milhares ou dezenas de milhares de pessoas à minha lista." Isso o obriga a procurar outras saídas, como uma recente iniciativa bem-sucedida na qual sua equipe, a um custo de quase US$25.000, desenvolveu um "teste de avaliação empresarial" online em que as pessoas podiam se inscrever em troca de assinar seu boletim informativo. Essa medida conseguiu mais de 21 mil novos assinantes em apenas quatro meses, mas nem todas as estratégias funcionam tão bem. "Houve épocas em que gastei dezenas de milhares de dólares para criar e lançar algo, e acabou sendo um fracasso total", diz ele.

Quando você administra uma empresa com colaboradores assalariados, os riscos de cada jogada são muito mais altos, e Halpern sente isso. Quando emprega 15 pessoas, o custo de criar coisas aumenta extraordinariamente", fala. "Agora estamos tentando reduzir e limitar os custos de produção sem gastar muito dinheiro antes de descobrirmos se a coisa realmente funciona. Esse é o foco. Tentamos criar um grande sucesso."

Compare um negócio como o de Halpern ao que às vezes é chamado de "Lifestyle Business" ["Negócio de Estilo de Vida", em tradução livre] — que geralmente tem sentido pejorativo no mundo empresarial. Ao contrário de empresários "reais" que procuram criar empreendimentos escalonáveis com um crescimento explosivo e que renderão um lucro significativo para os financiadores, os investidores de risco nunca financiariam um Lifestyle Business. Afinal, nunca vai haver uma oferta pública de ações ou uma aquisição alavancada [compra de uma empresa com empréstimos], mas esse não é o objetivo desse tipo de empresário. Em vez disso, o foco de um negócio assim está em, simplesmente, proporcionar ao proprietário uma qualidade de vida invejável. Isso muitas vezes significa uma combinação de prioridades financeiras e pessoais.

É assim que Jenny Blake, autora de *Pivot*, encara seu negócio. "No final do dia, adoro ter espaço, silêncio e tempo para viajar, pensar e escrever", diz ela. "Tenho a meta de ganhar US$1 milhão por ano. Eu só me pergunto: 'Isso precisa acontecer com 20 colaboradores ou é algo que posso fazer sozinha?'"

Como ela ressalta, é preciso esclarecer o que é importante para você. "Vejo o que as pessoas fazem para chegar a sete dígitos", conta ela, "e acho que não gostaria de fazer as mesmas atividades. Assim, eu meio que escolhi o caminho mais longo e sinuoso, que é autêntico para mim. Saio todos os dias por volta das 14h ou 15h para ir à ioga; não trabalho o dia todo. Leio durante uma hora pela manhã. Essas são coisas que adoro fazer, então prefiro ter uma renda que cresça mais lentamente e manter um estilo de vida realmente saudável e calmo enquanto puder".

Colhendo os Benefícios com Viagens

Viajar é um sonho para muitos profissionais, principalmente nos Estados Unidos, onde estamos acostumados a escassas duas semanas de férias por ano, tornando quase impossível visitar locais distantes como Ásia e Austrália. A chance de morar em outro país ou viajar frequentemente muitas vezes parece um sonho impossível. Mas se você seguir todos os passos deste livro e desenvolver várias fontes de renda, não é impossível criar um negócio que possa comandar de qualquer lugar do mundo.

"Em janeiro de 2013", lembra-se Blake, "eu queria viajar por dois meses para Bali e Tailândia e tentar trabalhar, mas fiquei muito ansiosa com isso. Achei que talvez meus negócios fossem por água abaixo sem possibilidade de recuperação — que eu perderia o ritmo e meus clientes, e estaria acabada".

Porém ela queria desesperadamente tentar, então reservou a passagem. Naquele mês, aconteceu que "recebi o maior número de clientes para coaching da minha vida profissional", lembra-se ela. "Eu estava com a agenda cheia. Tivemos que lidar com algumas falhas do Skype e da internet, mas as pessoas estavam interessadas em como fazer isso (morar no exterior por dois meses), e respeitaram minha coragem de fazê-lo." Ela até começou a criar uma nova base de clientes australianos, que repentinamente passaram a requisitar consultas de coaching, já que o fuso horário estava alinhado.

O período sabático de Blake no exterior, que ela repetiu dois anos depois, não é uma prática habitual, mas uma fantasia comum. Natalie

Sisson, porém, levou a independência de local ao extremo. Durante seis anos, viveu essencialmente sem endereço fixo, parando um mês ou dois por vez em vários destinos. Ela passou oito anos trabalhando no mundo corporativo, mas não estava totalmente satisfeita. "Eu queria viajar pelo mundo", dizia a si mesma, "e gostaria de levar minha empresa comigo. Como posso fazer isso acontecer?" Ela visitou 69 países, a maioria durante os seis anos de estrada, e ao longo do caminho morou em Buenos Aires, Amsterdã, Barcelona, Berlim, Los Angeles e outros. Ela ganha dinheiro com várias atividades, todas administradas de onde está, incluindo seu curso online, Freedom Plan; um programa de afiliação para empresários, o Freedom Collective; seu livro, *The Suitcase Entrepreneur*; palestras; marketing de programas afiliados; coaching de alto nível; além de workshops individuais e retiros durante suas viagens. (Teste sua coragem para levar a vida na estrada no quadro "Você Está Pronto para um Estilo de Vida Independente de Localização?")

Você Está Pronto para um Estilo de Vida Independente de Localização?

Trabalhar em cidades praianas e viajar pelo mundo parece tentador. Mas um estilo de vida independente de localização não é para todos. Aqui estão algumas estratégias e perguntas para ajudá-lo a decidir se ele é adequado para você.

Tente uma viagem experimental. Você não precisa vender todos os seus bens imediatamente e pôr o pé na estrada. Jenny Blake recomenda experimentar seu prazer em viajar e o local específico em que está pensando. Inicialmente, ela visitou Bali por apenas dois dias, mas adorou. "Era tudo ioga e espiritualidade", conta. "Era meu ambiente." Sua próxima viagem durou um mês, mas ela sabia que iria adorar. "Você não tem que se mudar para lá por um ano, de repente", diz ela. "Talvez você faça algumas viagens no ano seguinte."

(continua)

Prepare seu negócio. Talvez, até tirar algumas semanas de folga pareça um desafio impossível. Isso realmente é verdade se tentar planejar algo para o mês que vem. Mas quando tirei um mês de folga para conhecer a Índia, no outono de 2011, avisei a meus clientes com quase um ano de antecedência. Havia tempo suficiente para criar uma estratégia para minha ausência, e fiz questão de sempre ter um plano B, incluindo a programação de um mês de posts na mídia social antecipados e a seleção de quais colegas me dariam cobertura se algum cliente precisasse de ajuda. Se planeja trabalhar meio período ou período integral durante suas viagens, esse processo pode ser relativamente simples; durante minha viagem, desliguei completamente, então tive que planejar extensamente caso surgissem problemas.

Decida de que estrutura você precisa. Na estrada, ninguém vai proteger ou prestar atenção em seu trabalho. "Se for bom em gerenciar seu tempo, produtivo e disciplinado, vai poder trabalhar de qualquer lugar", diz Natalie Sisson. "Mas se precisa estar em um lugar e ficar em um escritório, ou precisa estar cercado pelas mesmas pessoas o tempo todo, provavelmente isso não vai funcionar para você." Entender como você trabalha melhor é o primeiro passo.

Determine seu nível de flexibilidade. Não importa o que aconteça, viagens são imprevisíveis. Inevitavelmente, você vai enfrentar cancelamento de voos, reservas de hotel, Wi-Fi intermitente etc. Às vezes isso pode levar a grandes aventuras, mas só se você não estiver tão frustrado ou ressentido que não consiga superar os contratempos. "Se sempre quer as coisas 'certinhas', se gosta de que a infraestrutura esteja à sua disposição, você provavelmente não vai gostar", diz Sisson. "Ilhas tropicais sempre parecem ótimas, não é? Porém, geralmente são úmidas e cheias de mosquitos. Sempre há coisas em que você não pensou."

Liberdade de Escolha

A flexibilidade da carreira de Sisson foi vantajosa em vários sentidos. Em agosto de 2015, o pai de Sisson adoeceu e ela decidiu morar na Nova Zelândia para ficar com ele. "Foi então que me dei conta de que o modelo de liberdade profissional que eu tinha criado realmente me deixava livre de um jeito totalmente diferente do que eu imaginava", afirma, "que foi largar tudo e voltar para casa para ficar com a família. Se eu ainda estivesse no mundo corporativo, não teria conseguido uma licença; provavelmente não teria tempo ou dinheiro para voar até em casa".

Sua definição de liberdade mudou. Em sua opinião, "a liberdade de escolha, as decisões do que você faz e como gasta seu tempo foram muito importantes para mim naquela época". Seu pai morreu em dezembro.[1]

Sisson não é a única empreendedora bem-sucedida que usou a liberdade que a profissão lhe propicia para passar mais tempo com a família. Pat Flynn, cujo império Smart Passive Income gera mais de US$1 milhão por ano, faz questão de mencionar a família com frequência em seu programa e organizar o próprio tempo, de modo a priorizar esses relacionamentos, incluindo levar e pegar os filhos na escola todos os dias.

"Meu negócio é estruturado ao redor de minha esposa, meus filhos e familiares, de modo que, quando estão acordados, não estou trabalhando", disse-me ele. "Trabalho de manhã, antes que eles acordem, durante os cochilos, como agora, ou quando estão na escola." Ele diz que esse foco intenso no que é importante lhe possibilitou ser muito mais eficiente nos negócios. Se acaba perdendo tempo no Facebook, diz ele: "Eu me sinto mal, porque sinto como se esse tempo realmente tivesse sido tirado, não do trabalho, mas de meus filhos."

Flynn aceita as trocas que fez. "Tive muitas oportunidades de criar negócios maiores, ganhar muito mais dinheiro, mas é muito fácil para eu dizer não a essas coisas agora, porque elas atrapalhariam minhas prioridades de ser pai e me envolver na vida de meus filhos." Suas prioridades e decisões poderão mudar à medida que os filhos crescerem; mas, por ora, maximizar o tempo que passa com eles é essencial.

Experimente:

Ao pensar no nível de liberdade que quer em sua vida e em seu trabalho, comece por estabelecer suas prioridades — não o que você acha que deve almejar, mas o que é realmente mais importante para você. Pergunte-se:

- Sua maior prioridade é passar tempo com seus filhos? Liberdade de viajar pelo mundo? Criar um negócio de sete dígitos? Praticar ioga todas as tardes?

- Escreva uma descrição detalhada de seu dia ideal. Como você gastaria seu tempo? Onde estaria? Com quem? Trabalhe de trás para frente a partir daí. Conhecer sua meta final ajuda a determinar de quanto dinheiro a mais você precisa para facilitar seu estilo de vida ideal e as opções disponíveis para você (se sua primeira prioridade for ter tempo para suas aulas de ioga à tarde, é muito mais fácil realizá-la se for um "empresário solo" do que se tiver de gerir uma empresa com 100 colaboradores).

Gerenciar Seu Tempo

Por algum tempo, como empresário, você tem que aprender a fazer tudo. Você começa a cortar a gordura de sua agenda — as horas a fio no Facebook, assistir à TV até tarde da noite e até um pouco de socialização. Mas logo você terá cortado tudo que é possível em seu dia e ainda não terá tempo suficiente. Então, vai contratar um VA ou colaboradores, o que libera algum tempo em sua agenda para se concentrar em tarefas mais importantes, e você vai constatar que ainda não há tempo suficiente. Esse é o preço do sucesso.

Na atual sociedade acelerada, a quantidade de trabalho — e não só o trabalho improdutivo, mas projetos e oportunidades realmente importantes — vai se expandir indefinidamente para encher, e exceder, o tempo disponível. É doloroso dizer não, desapontar os outros ou recusar faturar mais. Porém, se suas prioridades não estiverem claras, como o desejo de Flynn de passar tempo com a família, você pode procurar sua estrela-guia para o orientar: isso vai me ajudar a atingir minha meta?

Você também precisa desenvolver a disciplina para focar tarefas mais importantes — as que podem promover seu negócio e carreira, que muitas vezes exigem um esforço prolongado em longo prazo. É isso que o professor de Georgetown, Cal Newport, chama de "trabalho focado" [também é o título de seu livro sobre o tema — *Trabalho Focado*, Alta Books, 2018], que se opõe ao "trabalho superficial"; isto é, a gratificação imediata de responder a e-mails ou completar tarefas insignificantes. Fazer isso evita que seja demitido, diz Newport, mas só o trabalho focado possibilita que você seja notado, promovido e construa uma reputação.[2]

"Em seu primeiro ano como empreendedor", diz Antonio Centeno, de *Real Men, Real Style*, "acho que está tudo bem trabalhar 70, 80 horas por semana. Depois disso, você precisa reduzir para 40 horas", porque é o que torna sua atividade duradoura para você, sob uma perspectiva pessoal, em longo prazo.

O problema é que, principalmente quando se trabalha por conta própria, o trabalho pode facilmente se insinuar pelas beiradas e você se flagrar pensando: *Por que não responder a esse e-mail pelo smartphone? Por que não atender a essa ligação no dia em que deve escrever, só desta vez?* A estratégia de Centeno é separar um tempo em seu calendário e prestar atenção nele. Às terças e quintas-feiras pela manhã, ele leva os filhos para a ACM, onde ficam na creche, enquanto faz trabalhos externos, e depois eles vão às compras juntos. Ele também começou a tirar folga às sextas-feiras. "Ao limitar essa janela (de tempo produtivo disponível) a 40 horas ou menos, você se obriga a realmente cortar o que não é importante", diz ele. "Eu gostaria de ter feito isso muito antes."

Disciplinar seus horários não foi fácil. "Eu costumava atender ao telefone o tempo todo", conta Centeno. "Poderia ser uma venda!" Mas hoje ele separa as ligações e reuniões em blocos específicos em sua agenda. "Se você não é minha irmã, meu parente ou um grande amigo... vai ter que esperar", afirma ele.

Naqueles primeiros dias instáveis de atividade empresarial, quando luta para fechar todas as vendas e pagar os salários, você precisa aceitar todas as reuniões e ligações. Mas, com o passar do tempo, pode começar a reduzi-las estrategicamente. "Eu costumava dedicar todas as terças e quintas-feiras às reuniões", lembra-se Centeno. "Antes disso, elas ocorriam em qualquer dia." Hoje, ele só realiza reuniões às quartas-feiras à tarde, para concentrar o resto do tempo em atividades de alto impacto.

A estratégia de Centeno, de minimizar reuniões e conversas telefônicas, reflete a filosofia que Paul Graham, fundador da aceleradora *de* startups *Y* Combinator, articulou com notória propriedade em seu ensaio, *Maker's Schedule, Manager's Schedule.*[3] Pela descrição de Graham, gerentes — cuja função é supervisionar e motivar seus colaboradores — precisam ter dias preenchidos com reuniões curtas e rápidas. É assim que rastreiam o progresso das tarefas e localizam problemas iminentes.

Porém os "criadores" — as pessoas que realmente produzem algo original — precisam de uma coisa muito diferente. Eles não podem ser interrompidos, pois a criatividade precisa fluir sem restrições. Até mesmo uma ou duas reuniões no decorrer do dia podem perturbar sua habilidade de imergir no trabalho e realizar suas tarefas mais importantes. Para gerentes, um dia repleto de reuniões é produtivo. Para um "criador", um dia cheio de reuniões é quase um desperdício.

Quando você é empresário — e principalmente quando obteve algum sucesso —, as pessoas requisitam seu tempo. Seus colaboradores buscam supervisão e orientação. Parceiros em potencial querem discutir ideias de negócios. Blogueiros querem traçar seu perfil, e podcasters o querem entrevistar. E — inevitavelmente — velhos amigos e amigos de amigos querem saber sua opinião.

Algumas dessas reuniões são investimentos inteligentes. Levam a fontes de renda novas, a bons negócios ou a depósitos no banco para serem sacados em um momento propício. Contudo, tê-las em número excessivo irá destruí-lo. Talvez, quando tiver construído seu império, você tenha "ghostwriters" [escritores fantasmas] para escrever seus livros, consultores educacionais para criar seus cursos online e diretores de parcerias estratégicas para tratar da formação de sua rede de contatos e relacionamentos. Mas, por um longo tempo — talvez para sempre —, aquelas tarefas muito importantes precisarão ser completadas *por você*. Se não conseguir tempo para elas e deixar as exigências prementes do "trabalho superficial" definir seus horários, deixará de fazer o que é fundamental.

Pessoalmente, faço questão de realizar as tarefas importantes limitando com firmeza a quantidade de projetos em que vou me concentrar a cada ano. A cada seis meses, traço duas metas profissionais fundamentais; o resto, a menos que me faça ganhar dinheiro diretamente ou seja uma tarefa administrativa obrigatória, é colocado de lado. Por exemplo, na primeira metade de 2015, minhas metas eram lançar com sucesso meu livro anterior, *Stand Out*, e trabalhar a fim de dobrar minha lista de e-mails para 20 mil até o final do ano. Na segunda metade do ano, continuei a me concentrar no crescimento da lista de e-mails (acabei por aumentá-la para 25 mil contatos no final do ano), e passei a uma nova meta literária, que era finalizar a proposta para este livro e o vender.

Costuma-se dizer que as pessoas tendem a superestimar o que conseguem realizar em um dia e subestimar o que podem realizar em um ano. Ao escolher duas metas importantes por vez, eu me obrigo a progredir concentrando meus esforços. Como alguém com muitos interesses, é difícil me limitar. Em meu mundo ideal, eu gostaria de simultaneamente iniciar um podcast, escrever um livro, criar uma série em vídeo e lançar um curso de JV online. Mas isso seria um erro, porque eu não conseguiria fazer nenhuma dessas coisas bem.

A finalidade deste livro não é fazer com que você tente todas as estratégias e, certamente, não ao mesmo tempo. Você pode achar os vídeos do YouTube chatos, não gostar de coaching ou desgostar do conceito de um curso online. Tudo bem.

A finalidade é apresentar-lhe uma variedade de opções. Ninguém pode, ou deve, fazer tudo, porque não se pode fazer tudo bem. Em vez disso, procure encontrar atividades que lhe interessem, satisfaçam e permitam-lhe alavancar o trabalho que já faz. Sinta-se livre para experimentar, testar e criar um piloto; às vezes é impossível saber o que vai atrair antes de experimentar. Todavia, quando encontrar um caminho de que goste, invista nele e trabalhe para dominá-lo antes de acrescentar outra atividade. "Trabalho focado" é o que vai lhe proporcionar reconhecimento, atrair um público e permitir que monetize suas ideias.

Quando se trata de se tornar um empresário bem-sucedido e construir múltiplas fontes de renda, quer você planeje ou não deixar seu emprego fixo, o que importa mais são *foco e execução*. O tempo não vai aumentar por si só. Você será obrigado a disponibilizar espaço em sua agenda para escrever aquele post, gravar aquele podcast, participar daquela conferência ou criar aquela programação de cursos. Mas, quando fizer disso uma prioridade e um hábito, coisas fantásticas começarão a acontecer.

Experimente:

Uma gestão de tempo eficiente é o segredo para realizar suas intenções. Pergunte-se:

- Qual as duas — e só duas — atividades em que vai se concentrar nos próximos seis meses? Anote e divida-as em partes menores. O que pode fazer hoje, e nesta semana, para ir em frente?

Pelo que Você Trabalha?

Como sabemos muito bem, as transformações atingiram o mundo do trabalho, e certamente continuarão a acontecer. Nos anos 2000, as mudanças prejudicaram o mundo jornalístico quando decidi que queria ser jornalista a vida toda. Não sabemos quais setores serão prejudicados no futuro. Temos alguns vislumbres do futuro — inteligência artificial, realidade virtual, veículos autônomos e impressão em 3D certamente serão forças importantes. Mas quais serão as empresas e indústrias que crescerão ou deixarão de existir por causa disso? E a reestruturação vai levar cinco anos ou vinte e cinco? Isso fará uma diferença profunda no percurso de sua carreira, mas nenhum de nós sabe ao certo.

Recursos de Produtividade

Você pode fazer o download de uma lista de ferramentas e recursos que uso para me manter produtiva em dorieclark.com/productivity [conteúdo em inglês].

Tudo o que podemos fazer é nos preparar para aproveitar as oportunidades, estar prontos a fim de aplicar nosso conhecimento e habilidades de novas maneiras. Sempre gostei de escrever e hoje ainda sou uma espécie de jornalista. Escrevo livros, publico posts em blogs e, embora a remuneração seja baixa, isso permite que eu ganhe dinheiro de outras formas, atraindo consultorias lucrativas e palestras de negócios. E isso atrai leitores individuais que podem participar de minha lista de e-mails e, até mesmo, contratar serviços de coaching ou participar dos meus workshops ou cursos online.

Quando me formei, há cerca de 20 anos, nem imaginava que teria esse trabalho hoje. As coisas com que sonhei estão todas ali — ler, escrever, compartilhar ideias —, mas a forma é totalmente distinta. Francamente, é melhor: financeiramente mais vantajoso, independente e gratificante. Mas tive que me dispor a desistir do cenário que tinha imaginado a fim de agarrar o que era possível.

Atualmente, a maior segurança profissional decorre de aprender seu ofício, reunir prova social e desenvolver múltiplas fontes de renda duradouras. Quando você não conta mais com uma única empresa ou única fonte de renda, fica à prova de destruição. Você assume o controle.

Naturalmente, não se trata apenas de se proteger. Descobrir como monetizar seu conhecimento de várias maneiras também lhe permite ter liberdade de determinar como realmente quer que sua vida seja.

Antes do advento da internet, as opções eram relativamente limitadas. Talvez você pudesse ter sorte em uma carreira glamorosa, como romancista, professor de idiomas no exterior ou consultor freelancer de alto nível. Porém, essas oportunidades eram raras e, na grande maioria, sustentar-se significava entrar em um escritório todos os dias, trabalhar das oito às cinco (ou mais) e contentar-se com um período de férias ínfimo.

Hoje, finalmente começamos a colher os benefícios que a tecnologia prometeu. Para os que estão dispostos a se ajustar e mudar, as oportunidades são ilimitadas. Só porque os empregos no jornalismo se foram não significa que você não possa se tornar jornalista. Agora, inventamos as próprias categorias e ganhamos ainda mais dinheiro de novas maneiras.

É uma época de pânico e sofrimento para quem insiste em se apegar ao passado. Mas se estiver disposto a pensar com criatividade em como transformar seu conhecimento e habilidade em múltiplas fontes de renda, pode criar uma renda diversificada com o máximo de liberdade. Talvez seja a liberdade de viajar pelo mundo, como Pat Flynn. Ou a de tirar férias extensas em lugares que falam com sua alma, como Jenny Blake.

Quando meu primeiro livro, *Reinventing You*, foi publicado, em 2013, eu sabia que tinha que tirar proveito do fato. Aceitar as entrevistas em todas as mídias ou todas as oportunidades de palestrar — esse era um investimento em meu futuro. Calculei que, quanto mais as pessoas soubessem sobre mim e meu trabalho, mais sucesso eu teria no futuro. Eu estava saindo de um rompimento difícil e, principalmente depois da morte de meu amado gato, não via motivo para ficar em casa; nada parecia ser meu lar. Durante três anos, passei quase o tempo todo na estrada, realizando 194 palestras. Fiquei empolgada em conhecer lugares novos, gostava do glamour ocasional das viagens (em meio aos desapontamentos) e, sinceramente, foi uma distração bem-vinda na minha vida pessoal.

Porém, por fim, bastou.

Palestrar em conferências e eventos e viajar para prestar consultoria a clientes sempre vai fazer parte de meu modelo de negócios. Todavia, se você ganhar dinheiro exclusivamente oferecendo serviços, ficará limitado pelo tempo ou à sua capacidade física. E, depois de proferir 74 palestras apenas em 2015, eu estava chegando ao limite. Eu só queria ir para casa, em Nova York, e sabia que criar novas fontes de renda por meio da internet permitiria que eu satisfizesse esse desejo.

Monetizar suas ideias e partir para o empreendedorismo significa, simplesmente, que você tem mais opções. Você pode escolher ficar em seu emprego, se tiver um, sabendo que tem a segurança de um plano B. E, caso passe a trabalhar só por conta própria, tem a capacidade de remodelar sua vida e carreira do modo que achar adequado.

Durante vários anos, viajar quase continuamente era o que eu queria; era uma forma estimulante e intensa de ver o mundo e conhecer pessoas que não encontraria em outras circunstâncias. Talvez, em algum momento, as viagens frequentes sejam algo que eu queira retomar. Mas, assim como Sisson — a "Suitcase Entrepreneur" [a empresária da mala de viagem] — decidiu voltar para casa para cuidar do pai doente, o que queremos e desejamos é sazonal. Eu queria reduzir a dependência da estrada e começar a formar uma carreira e vida diferentes para mim, com mais tempo em Nova York. Escrevi este livro para instruir e compartilhar com outras pessoas como potencializar as opções e criar uma carreira lucrativa e flexível o bastante que possibilite viver a vida em meus próprios termos.

Sua vida pessoal e profissional são, no fundo, a mesma coisa. Dividir suas melhores ideias com o mundo é um modo poderoso de ajudar as pessoas e dar significado ao que você faz. Porém, ingressamos em uma era na qual a influência e a renda se separaram. Como qualquer pessoa pode publicar blogs, podcasts ou um livro, o conteúdo muitas vezes passa a ser uma mercadoria. A fim de tornar seus esforços sustentáveis, você tem que pensar criativa e conscientemente em como monetizar suas ideias. Com este livro, tentei apresentar um roteiro para você fazer exatamente isso.

O mundo precisa de suas ideias — e você precisa ser pago por elas. Esse é o caminho para influência, liberdade e impacto duradouros.

Autoavaliação

Para continuar a conversa, faça o download do conteúdo da *Autoavaliação* de *Você Intraempreendedor* no site da editora Alta Books [www.altabooks.com.br – procure pelo nome do livro ou ISBN] ou em dorieclark.com [conteúdo em inglês]. Ela inclui as perguntas dos quadros "Experimente" do livro em um formato fácil de imprimir, para que possa anotar suas respostas e começar a criar a carreira lucrativa e próspera que merece.

NOTAS

Capítulo 1

1. Bozi Dar é um pseudônimo. Bozi (seu primeiro nome verdadeiro) prefere escrever livros e ministrar seus cursos sob um pseudônimo para separar o trabalho corporativo do empresarial.

2. Mary Meeker, "Internet Trends 2016 — Code Conference" ["Tendências da Internet 2016 — Conferência Código", em tradução livre], KPCB, 1 de junho de 2016, slide 98, http://www.kpcb.com/internet-trends [conteúdo em inglês].

3. Nelson D. Schwartz, "U.S. Growth and Employment Data Tell Different Stories" ["Dados de Crescimento e Emprego nos EUA Contam Histórias Diferentes", em tradução livre], *New York Times*, 17 de janeiro de 2016, http://www.nytimes.com/2016/01/18/business/economy/us-growth-and-employment-data-tell-different-stories.html [conteúdo em inglês].

4. Carl Bialik, "Seven Careers in a Lifetime? Think Twice, Researchers Say", ["Sete Profissões na Vida? Pense Duas Vezes, os Pesquisadores Aconselham", em tradução livre] *Wall Street Journal*, 4 de setembro de 2010, http://www.wsj.com/articles/SB1000142405 2748704206804575468162805877990 [conteúdo em inglês].

5. Amy Adkins, "Majority of U.S. Employees Not Engaged Despite Gains in 2014" ["A Maioria dos Trabalhadores dos EUA Não É Comprometida Apesar dos Ganhos", em tradução livre], Gallup, 28 de janeiro de 2015, http://www.gallup.compoll/181289/majority-employees-not-engaged-despite-gains-2014.aspx [conteúdo em inglês].

6. Jeffrey Sparshott, "By One Measure, Wages for Most U.S. Workers Peaked in 1972" ["Segundo uma Medida, os Salários da Maioria dos Trabalhadores Atingiram o Pico em 1972", em tradução livre], *Wall Street Journal*, 17 de abril de 2015, http://blogs.wsj.com/economics/2015/04/17by-one-measure-wages-for-most-u-s-workers-peaked-in-1972/ [conteúdo em inglês].

7. "Freelancing in America: 2015" ["Ser Freelancer nos EUA", em tradução livre], Daniel J. Edelman Inc., 24 de setembro de 2015, http://www.slideshare.net/upwork/2015-us-freelancer-survey-53166722/1 [conteúdo em inglês].

8. "Freelancers Union and Upwork Release New Study Revealing Insights into the Almost 54 Million People Freelancing in America", ["Sindicato de Freelancers e Profissionais Autônomos Publica Novo Estudo Revelando Insights sobre os Quase 54 milhões de Pessoas que Atuam como Freelancers nos EUA", em tradução livre], Upwork press release, 1 de outubro de 2015, https://www.upwork.com/press/2015/10/01/freelancers-unionand-upwork-release-new-study-revealing-insights-into-the-almost-54-millionpeople-freelancing-in-america/; Vivian Giang, "40 Percent of Americans Will Be Freelancers by 2020", ["40% dos Norte-americanos Serão Freelancers até 2020", em tradução livre], Business Insider, 21 de março de 2013, http://www.businessinsider.com/americans-want-to-work-for-themselves-intuit-2013-3 [conteúdo em inglês].

9. David Searls, "Adventures with Because Effects" ["Aventuras com Efeitos de Consequência", em tradução livre], *Doc Searls Weblog*, 28 de novembro de 2007, https://blogs.harvard.edu/doc/2007/11/28/ adventures-with-because-effects/ [conteúdo em inglês].

Capítulo 2

1. Nicholas Carlson, "Facebook Slightly Tweaked How The Site WorksAnd It Screwed An Entire Profession", ["O Facebook Distorceu Ligeiramente como o Site Funciona — e Prejudicou uma Profissão Inteira", em tradução livre], *Business Insider*, 13 de dezembro de 2013, http:// www.businessinsider.com/facebook-screws-social-media-marketers-2013-12 [conteúdo em inglês].

2. Danny Sullivan, "Just Like Facebook, Twitter's New Impression Stats Suggest Few Followers See What's Tweeted", ["Como o Facebook e as Estatísticas das Novas Impressões do Twitter Sugerem que Poucos Seguidores Veem o que É Twitado", em tradução livre], *Marketing Land*, 11 de julho de 2014, http:// marketingland.com/facebook-twitter-impressions-90878 [conteúdo em inglês].

3. "Email Statistics Report" ["Relatórios de Dados Estatísticos de E-mail", em tradução livre], 2015–2019, Radicati Group, fevereiro de 2015, http:// www.radicati.com/wp/wp-content/uploads/2015/02/Email-Statistics-Report-2015- 2019-Executive-Summary.pdf [conteúdo em inglês].

Capítulo 4

1. Libby Kane, "A woman who went from earning $42,000 a year to building a business that earns over 7 times as much shares her best advice for" ["A mulher que ganhava US$42.000 por ano, montou um negócio no qual ganha sete vezes mais e compartilha seus conselhos", em tradução livre]. Empresários, *Business Insider*, 29 de março de 2016, http://www.businessinsider.com/selena-soo-best-advice-for-entrepreneurs-2016-3.

2. Tom Peters, "The Brand Called You" ["A Marca o Chamou", em tradução livre], *Fast Company*, 31 de agosto de 1997, https:// www.fastcompany.com/28905/brand-called-you [conteúdo em inglês].

Capítulo 5

1. Dorie Clark, "How to Become a Successful Professional Speaker" ["Como Se Tornar um Palestrante Profissional de Sucesso", em tradução livre], *Forbes*, 10 de junho de 2013, http://www.forbes.com/sites/dorieclark/2013/06/10/how-to-become-a-successful-professional-speaker/#3e073b61326f [conteúdo em inglês].

2. Ibid.

Capítulo 6

1. Josh Morgan, "How Podcasts Have Changed in Ten Years: By the Numbers" ["Como os Podcasts Mudaram em Dez Anos: De Acordo com os Números", em tradução livre], *Medium*, 2 de setembro de 2015, https://medium.com/@slowerdawn/how-podcasts-have-changed-in-ten-years-by-the-numbers-720a6e984e4e#.nnd438vtn [conteúdo em inglês].

2. "Connected Car Forecast: Global Connected Care Market to Grow Threefold Within Five Years" ["Previsão de Assistência Conectada: Mercado de Assistência Conectada Deve Crescer Três Vezes em Cinco Anos", em tradução livre], GSMA, abril de 2013, http://www.gsma.com/ connectedliving/wp-content/uploads/2013/06/cl_ma_forecast_06_13.pdf [conteúdo em inglês].

3. Dorie Clark, "Here's the Future of Podcasting" ["Aqui Está o Futuro do Podcast", em tradução livre], *Forbes*, 19 de novembro de 2014, http://www.forbes.com/sites/dorieclark/2014/11/19/heres-the-future-of-podcasting/#7889ecfac7e6 [conteúdo em inglês].

4. Morgan, "How Podcasts Have Changed in Ten Years: By the Numbers" ["Como os Podcasts Mudaram em Dez Anos: Segundo os Números", em tradução livre].

5. Steven Perberg, "Podcasts Face Advertising Hurdles" ["Podcasts Enfrentam Problemas com Publicidade", em tradução livre], *Wall Street Journal*, 18 de fevereiro de 2016, https://www.wsj.com/articles/podcasts-face-advertising-hurdles-1455745492 [conteúdo em inglês].

6. Ibid.

7. Hank Green, "The $1,000 CPM" ["O CPM de $1.000", em tradução livre], *Medium*, 5 de abril de 2015, https://medium.com/@hankgreen/the-1-000-cpm-f92717506a4b#.e26renkgh [conteúdo em inglês].

Capítulo 7

1. "November Traffic and Income Report" ["Tráfego de Novembro e Relatório de Renda", em tradução livre], *Pinch of Yum*, 19 de dezembro de 2016, http://pinchofyum.com/november-traffic-income-report#income [conteúdo em inglês].

2. Clive Thompson, "The Early Years" ["Os Primeiros Anos", em tradução livre], *New York Magazine*, n.d., http://nymag.com/news/media/15971/ [conteúdo em inglês].

3. Dan Schawbel, "Mario Forleo: How She Grew Her Brand to Oprah Status" ["Mario Forleo: Como Desenvolveu Sua Marca ao Nível da Oprah", em tradução livre], *Forbes*, 16 de maio de 2013, http://www.forbes.com/sites/danschawbel/2013/05/16/marie-forleo-how-she-grew-her-brand-to-oprah-status/#6335276d2135 [conteúdo em inglês].

4. "Ultimate Guide to Double Monk Strap Dress Shoes" ["O Guia Definitivo para Usar Sapatos Sociais de Camurça Marrom", em tradução livre], *Real Men, Real Style*, n.d., http://www.realmenrealstyle.com/guide-double-monk-strap/ [conteúdo em inglês].

Capítulo 9

1. Jared Kleinert, "Should Millennials Get Into Internet Marketing?" ["A Geração Y Deve Entrar no Marketing da Internet?", em tradução livre], *Forbes*, 7 de dezembro de 2015, http://www.forbes.com/sites/jaredkleinert/2015/12/07/should-millennials-get-into-internet-marketing/#7c76a724309d [conteúdo em inglês].

2. Pat Flynn, "SPI 190: Step by Step Production Creation with Bryan Harris" ["SPI 190: Criação de Produção Passo a Passo com Bryan Harris", em tradução livre], *Smart Passive Income*, 2 de dezembro de 2015, http://www.smartpassiveincome.com/podcasts/spi-190-step-step-product-creation-bryan-harris/ [conteúdo em inglês].

Capítulo 10

1. Joanna Penn, "Six Figure Success Self-Publishing Non-Fiction Books With Steve Scott" ["Sucesso com Seis Dígitos Autopublicando Livros de Não Ficção com Steve Scott", em tradução livre], *Creative Penn,* 14 de outubro de 2014, http://www.thecreativepenn. com/2014/10/14/non-fiction-success/ [conteúdo em inglês].

2. James Altucher, "How to Go from $0–$40,000 a Month Writing From Home" ["Como Ir de $0–$40 mil por Mês Escrevendo em Casa", em tradução livre], julho de 2014, http://www.jamesaltucher.com/2014/07/ep-23-go-0-40000-month-writing-home/ [conteúdo em inglês].

3. Steve Scott, "9 Steps for Building an Email List from Scratch" ["9 Passos para Criar uma Lista de E-mails do Zero", em tradução livre], n.d., http://www.stevescottsite.com/new-email-list [conteúdo em inglês].

4. Tim Ferriss, "How a First-Time Author Got a 7-Figure Book Deal" ["Como um Escritor Principiante Conseguiu um Contrato de Sete Dígitos", em tradução livre], The Tim Ferriss Show, 15 de abril de 2013, http://fourhourworkweek.com/2013/04/15/how-to-get-a-book-deal/ [conteúdo em inglês].

5. Alexis Grant, "Make a Living on Your Own Terms, Doing Work You Love" ["Ganhe a Vida em Seus Termos, Fazendo o que Gosta", em tradução livre], n.d., http://alexisgrant.com/self-employment/ [conteúdo em inglês].

6. "Kickstarter vs. Indiegogo: Which One to Choose" ["Kickstarter versus Indiegogo: Qual Escolher", em tradução livre], The Crowdfunding Formula, n.d., https://thecrowdfundingformula.com/2015/11/13/kickstarter-vs-indiegogo-2/ [conteúdo em inglês].

Capítulo 11

1. Darren Rowse, "How I Started Making Money with Amazon's Affiliate Program" ["Como Comecei a Ganhar Dinheiro com o Programa de Afiliação da Amazon", em tradução livre], *ProBlogger*, 24 de abril de 2013, http://www.problogger.net/archives/2013/04/24the-ultimate-guide-to-making-money-with-the-amazon-affiliate-program/ [conteúdo em inglês].

2. Pat Flynn, "My April 2016 Monthly Income Report" ["Meu Relatório de Renda de Abril de 2016", em tradução livre], *Smart Passive Income*, 9 de maio de 2016, http://www.smartpassiveincome.com/income-reports/my-april-2016-monthly-income-report/ [conteúdo em inglês].

Capítulo 12

1. Natalie Sisson, "Looking for More Freedom in Your Life? Here's How I Did It…" ["Procurando Mais Liberdade em Sua Vida? Veja Como Consegui…", em tradução livre], *The Suitcase Entrepreneur*, http://suitcaseentrepreneur.com/about/ [conteúdo em inglês].

2. Cal Newport, "Deep Work" [Trabalho Focado, Alta Books, 2018], *Art of Charm*, http://theartofcharm.com/podcast-episodes/cal-newport-deep-work-episode-515/ [conteúdo em inglês].

3. Paul Graham, "Maker's Schedule, Manager's Schedule" ["Horário dos Fazedores, Horário dos Gerentes", em tradução livre], julho de 2009, http://www.paulgraham.com/makersschedule.html [conteúdo em inglês].

ÍNDICE

ROTAPLAN
GRÁFICA E EDITORA LTDA
Rua Álvaro Seixas, 165
Engenho Novo - Rio de Janeiro
Tels.: (21) 2201-2089 / 8898
E-mail: rotaplanrio@gmail.com